ラクしてかわいい！
sanaの
かんたん
子ども弁当

sana 著

中村美穂 監修

*この本で紹介しているお弁当の量は目安です。お子さんの食べる量に合わせて調整してください。

*すべてのおかずは、ご家庭でしっかり噛んで食べられることを確認してからお弁当に入れてください。

*ピックなどのお弁当グッズは、一人で安全に使えるか、園でのルールに沿っているかを確認してからご使用ください。

はじめに

はじめまして、sana です。この本を手に取っていただきありがとうございます。

わたしはInstagram（@sa3na7an3as）で、お弁当やおやつのレシピを発信しています。わたしの料理の特徴は、スーパーに売っているごく普通の食材を使い、組み合わせや切り方、盛りつけ方を変化させて、普段のおかずをひとひねりあるかわいい料理にすることです。

この本には、わたしのおかず作りのテーマでもある『見た目のかわいいおかず』をふんだんに盛り込みました。冷凍食品や市販品を使った、ラクしてかわいいアレンジや、たったひと手間でかわいくなる工夫もぎゅっとまとめています。そして、『時間をかけずにかんたんにおいしく作れるおかず』も盛り込んでいます。

慌ただしい朝はやることがいっぱい。お弁当作りはできるだけちゃちゃっと済ませたい！ 洗いものだって少ないほうがうれしい！ などなど、悩み事は無限大!!

そんなお悩みを解決するレンジやトースターなどで作れるおかず、つくりおきや冷凍保存ができるおかずをたくさん紹介しています。

たった１品工夫するだけでかわいくなるお弁当や、ぎっしりかわいいが詰まったイベントのお弁当まで、盛りだくさんに詰め込みました。料理初心者さんでも挑戦しやすく、お子さんと一緒に作れる料理もたくさんあります。作るときにママ・パパの気分がワクワクしていれば、子どももワクワクして、心も体も栄養で満たされますよ♫

みなさまのお料理が、よりかんたんでおいしく、楽しくなり、家族の笑顔を倍にして、ステキな思い出作りのお手伝いができれば、最高にうれしいです！

遊び心たっぷりの愛情お弁当、一緒に楽しみましょう♫

この本のレシピについて

- ●計量単位は、小さじ１＝5㎖、大さじ１＝15㎖、1㎖＝1cc、「少々」は親指と人差し指の先でつまむぐらい、「適量」はその食材のサイズや数に対してちょうどよい量です。
- ●材料は、作りやすい分量を記載しています。余る分は冷凍保存や夕食などに活用してください。
- ●下処理や塩ゆでするときの塩、酢、焼いたり揚げたりするときの油、デコパーツをつけるときのマヨネーズや油は分量外です。
- ●特に記載がない場合は、皮をむく、種を取る、筋やヘタを取るなどの下処理を行ってから調理してください。また、冷蔵・冷凍の保存期間は目安です。ご家庭によって保存状態は異なるため、お弁当箱に詰める前に必ずおかずの状態を確認してください。
- ●冷蔵・冷凍をしたおかずを入れる際は、必ず中心まで加熱をし、冷ましてからお弁当箱に詰めてください。
- ●電子レンジの加熱時間は600Wを基準にしています。500Wの場合は1.2倍、700Wの場合は0.8倍にしてください。メーカーや機種によって異なるので、様子を見ながら調整してください。
- ●お弁当にピックを使用する際は、食べる前にひとりで抜けること、抜いたピックで遊んだり人に向けたりしないこと、誤って口に入れないことを確認してからご使用ください。また園でのルールに沿っているかを確認してからご使用ください。

sana流 "かわいい"の作り方

どれか1つでも意識すれば、ぐんとかわいくなる!

1 カラフル食材で彩りよく

ブロッコリー（緑）、ミニトマトやにんじん（赤）、コーン（黄）などの色味をバランスよく。おかずで彩りが足りないときは、カップやピックなどのグッズを使って。

Caution!

ゆでにんじんは…
冷蔵・冷凍もできるので、まとめてゆでておくと便利!

2 型抜きでデコる

にんじんなどのゆで野菜やスライスチーズ、ハムなどを、かわいい抜き型で抜いて飾りましょ。おにぎりや、卵焼きなどのおかずの上にのせるだけでかわいさUP!

Caution!

適当な抜き型がないときは…
カッターや包丁などでカット! 丸形ならストローやカップのふちなどが使えるよ。

3 隙間おかずを活用

1/4〜1/2サイズに切ったミニトマトや、ブロッコリー、パスタに刺した枝豆、チーズを巻いたハム、型抜きかまぼこなど……火を使わないおかずで、彩りやかわいさをカンタンUP!

4 のりでかんたんデコ

のりパンチやハサミを使って、顔のパーツを作ると◎。白いおにぎりは"かわいい"を作るキャンバス。ひと、動物の顔はもちろん、星やハートなどの模様もいいね。

Caution!

のり、ハム、チーズなどをつけるときは…
おかずに型抜きした食材をのせるときは、はがれないように必ずマヨネーズや油をつけてからのせて!

5 飾り切りでかわいく

ハムやウインナー、カニカマ、かまぼこ、卵など、カットの仕方でかわいくなる食材を使いましょ。ギザギザに切ったり、ヒラヒラさせたり、いろいろな切り方を試してみて。

6 お弁当箱を使い分け

丸や動物形、子どもの好きなキャラクターなど、お弁当箱を変えるだけで子どものテンションが上がるかも!? うまく詰められないときは入れ替えるのもアリ!

Contents

Part 1

おにぎり、パン、めん類…
1つだけでもかわいい！
主食のおかず

Part 2

卵や肉・魚、冷凍食品、野菜…
味も見た目もさまざま！
主菜・副菜のおかず

メインいろいろで飽きさせない！
5日間のお弁当カレンダー 52

マネするだけで すぐにできる！

1 時間がない日の お弁当

忘れた！ 寝坊した！……
そんな日には、かんたんおかずを組み合わせて、
10分でできるお弁当。

チューリップ→P84

ラップおにぎり→P29

ドーナツハンバーグ
→ P65

オクラちくわ→P79

ラップでくるむだけ！
チンしてつめるだけ！

2 大好きなものだらけの お弁当

食が細い子や食欲がない日には、
食べられるもの・食べたいものだけを
詰めてあげてもOK!

シリアルくまさん→P47

ミニトマト

アスパラお花→P78

フルーツ

スイーツ風でも◎!
ほかの食事で調整しましょ。

3 モリモリ食べたいときの お弁当

食欲旺盛なときは、
たんぱく質、お腹にたまる穀類をたっぷり。
サブの容器も使って量を調整。

スイートポテト→P76

ちょうちょ→P66

エビフライ→P31

じゃがもっち→P87

パプリカボール→P85

しっかり運動する日は
小さな容器を足してみて。

子ども弁当の基本

どんなものをどうやって詰めたらいい？
準備しておく道具・材料はある？
はじめに気になる、あれやこれやをまとめました。

これだけ食べられる？
量

270mlくらいの小さめのお弁当箱から始めて、
成長に合わせて大きくしていくのがベター。
食べる量には個人差があるので、あくまでも目安に。
深さ3cmくらいのものが詰めやすく、子どもも取り出しやすい！

目安の量

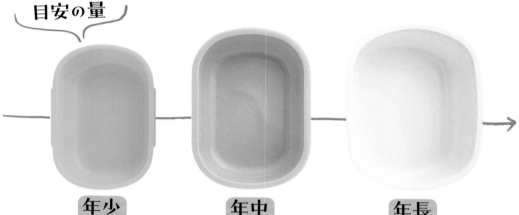

年少
270〜300ml

年中
〜360ml

年長
〜480ml

扱いやすいのは？

フタ

力がいらないかぶせるだけのものか、とめるタイプのものがおすすめ。フタの開け閉めを練習してから持たせよう。

はし・カトラリー

はしは滑り止めがあり子どものサイズに合ったものを、スプーンは深さがあってすくえるものを、フォークは刺しやすいものを選んで。

お弁当袋

開けるのがかんたんで、ひもを引くだけで閉められる巾着タイプが◎。袋にお弁当箱を入れて、取り出す練習も一緒にしておこう。

何を入れる？

具

基本の考え方は、"子どもの食べられるものを入れる"こと。
食べ慣れないものや初めての食材は避けて、
家で食べられることを確認したものを入れてね。
主食・主菜・副菜・デザートと、栄養や味のバランスも考えられると◎！

主食	主菜	副菜	デザート

頭や体を動かすエネルギー源となる炭水化物。ごはんやパン、めん類やいもなど。

体を作るたんぱく質、エネルギー源となる脂質。肉、魚、卵、豆、油やバターなど。

ほかの栄養素の働きをサポートし、体の調子を整えるビタミン・ミネラル。副菜には野菜、海藻、きのこなど。デザートには果物や、味に変化をつける甘いものなど。

どんなサイズがいい？

形

3〜6歳は、りんご程度の硬さのものを、3cm大から、
ほぼ大人のひと口と同じサイズまで食べられるようになるよ。
噛み切れるか、つかみやすいか、かじれるか──
個人差があるので、お弁当箱に入れる前に家で確認をしておこう。

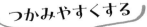

要注意の食材

日本小児科学会は、ぶどう、丸いチーズ、うずらの卵、ミニトマトなど、丸くてツルッとしている食材は、窒息の危険があるので、特に4歳以下の子どもの場合1/4に切るように提言しているよ。切り込みを入れたり、食べやすい大きさに切ったりして（※）、家で食べられることを確認してから詰めるようにしよう。

つかみやすくする

小さいうちは、ひと口で食べられるサイズや、手づかみしやすい大きさのおにぎりやおかずがベター。また、はしでつかみにくいもの、フォークやスプーンですくいにくいものは、ハムなどの食材で巻くのも◎。手がべたつくものやまとまりにくいものは、ラップやのりで包むと食べやすいよ。

11

※本書では、1/2にカットしたり、切り込みを入れたりして撮影しています。

どうやって詰める？

詰め方

大きいものから入れて、小さいもので隙間を埋めるのが基本。おかずカップや仕切りなどを
じょうずに使って、フィット感を調整したり、味移りを防いだりしよう。

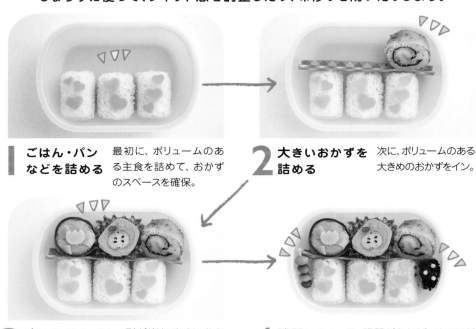

1 ごはん・パン などを詰める 最初に、ボリュームのある主食を詰めて、おかずのスペースを確保。

2 大きいおかずを 詰める 次に、ボリュームのある大きめのおかずをイン。

3 小さいおかずを 詰める 形が崩れやすいおかずや、小さいおかずを入れて。

4 隙間におかず を詰める 隙間があれば、ゆでるだけの野菜や果物などを入れてフィニッシュ。

スピーディーに作るには？

時短

お弁当作りをラクに、楽しく継続させるには、少しの工夫と事前準備が大切。
当日の朝やることを最小限にしておくと、時間のない日でもパパッとできるよ。

前日準備

野菜や卵をゆでて、冷蔵保存しておいたり、焼く前に下味をつけておいたり、材料を切っておいたりするといいよ。

作りおき

冷蔵・冷凍保存できるおかずをまとめて作っておけば、朝に電子レンジでチンするだけでOK！小分けにして冷凍して。

道具を最小限に

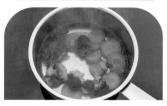

1つの鍋やフライパンで複数の食材を同時に調理したり、ゆでたあとに同じフライパンで卵を焼いたりして、工夫しよう。

傷みを防ぐ!

食中毒対策

詰めてから数時間後に食べるお弁当は、
衛生面に注意が必要。調理前によく手を洗い、
まな板などの道具も清潔に。

✓ 火を通す

肉や魚、卵などのおかずは中まで
しっかり火を通して、ゆで卵はか
たゆでに。食材を小さく切ると早
く火が通るよ。

✓ 手で触らない

菜箸を使ったり、おにぎりをラップ
に包んで握ったり、できるだけ手
で食材を触らないようにしよう。
触るときは手洗いをしっかり。

✓ 汁気を切る

水分が多いと傷みやすくなるので、
キッチンペーパーの上にのせるな
どして汁気を切って。けずり節や、
麩に汁を吸わせても◎。

✓ 冷ます

温かいうちに詰めると、蒸気がこ
もって水分となり、傷みやすくな
るよ。保冷剤の上にのせるなどし
て完全に冷まそう。

✓ 抗菌する

100円ショップなどにある抗菌シ
ートをのせたり、抗菌作用のある
酢でお弁当箱（アルミ製のものは除く）
を拭いたりすると効果的。

✓ 保冷する

お弁当を冷蔵庫で保管したり、保
冷剤を活用したりして温度が上が
りすぎないように注意。フルーツ
やおしぼりを凍らせても◎。

梅雨どき・夏場はどうする？

温度や湿度が高くなる時期は、生野菜、マヨネーズ、チーズな
どは避けたほうが安心。ハムなどの加工肉、ちくわなどの練り
製品も、電子レンジでチンしたり焼いたりして、火を通すのが
ベスト。殺菌効果のある梅干し、青じそ、酢、しょうゆなどを使
ったり、自然解凍で食べられる冷凍食品を入れたりしても◎!

キッチン道具

お弁当を作るのに必須＆あると助かる
調理道具を集めたよ。
家にあるもので代用できるならそれでもOK！

包丁／カッターナイフ

大きな食材は包丁で、飾り用のハムやチーズ、のりなどはカッターナイフで切るといいね。

卵焼き器

普通サイズのほか、卵1個を焼くのにちょうどいいミニサイズもあると便利！

フライパン

同時調理ができる大きいもののほか、ミニサイズもあると使いやすいよ。

ミルクパン

小ぶりなサイズの鍋。ゆで卵作りや、少量の煮物作りに。

タコ焼き器

ホットケーキミックスを焼くと、お弁当に適したひと口サイズのケーキに。

キッチンスケール

食材の重さを量る道具。1g単位まで量れるものがおすすめ。

スライサー

細切りにしたり、千切りにしたりと、時短クックに大活躍。

ピーラー

皮をむくのはもちろん、食材を薄くスライスするのに使っても◎。

巻きす

のり巻きはもちろん、卵焼きの形を整えるのにも使える！

コルネの作り方

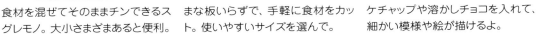

クッキングシートやセロハンのペーパーなどを三角に切る

→

右側を丸めて、右の角を頂点に合わせる。

→

左端を頂点の後ろ側に合わせてテープでとめる。

→

中にケチャップなどを入れて折りたたみ、先端を切ればOK!

耐熱ボウル

食材を混ぜてそのままチンできるスグレモノ。大小さまざまあると便利。

キッチンバサミ

まな板いらずで、手軽に食材をカット。使いやすいサイズを選んで。

コルネ

ケチャップや溶かしチョコを入れて、細かい模様や絵が描けるよ。

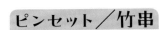

ストロー／カップ

ハムやチーズなどの型抜きに使えるよ。ストローはデコ用の目やほっぺの型に、カップはサンドイッチやハムを抜いて丸い顔の型の代用に!

菜箸

食材を混ぜたり炒めたり、お弁当箱に詰めたりと広範囲に使用。複数本あるといいね。

ピンセット／竹串

のりやハム、チーズなど飾り用の細かいパーツをつけるときに使おう。

ラップ

レンチンや保存するときに使うのはもちろん、巻きすのかわりにもなるよ。

フリーザーバッグ

食材に下味をつけたり、おかずを冷凍保存したりする際に使えるよ。

保存容器

おかずを保存する容器。冷凍するときは1食分ずつカップなどに小分けにして入れよう。

常備すると
ラク!

おすすめ食材

調理なしで入れられる＆時短になる＆
かわいい飾りになる食材を紹介するよ。
気になるものは試してみてね。

冷凍食品

彩りが足りないとき、冷蔵庫に食材がないとき、
おかずが足りないとき、時間がないとき……すぐに
使えるお弁当の強〜い味方!

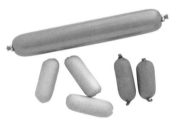

ソーセージ

食べごたえバッチリで、そのまま食べても（夏場は
加熱したほうが安全）調理してもおいしいよ。色・原
材料の違うものを、用途によって使い分けて。

その他加工食品

ちょっと隙間ができたとき、そのまま使える手軽
さが魅力（夏場は加熱したほうが安全）。飾り切りなど
のひと手間で、ぐんとかわいく!

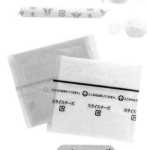

チーズ

ハムなどと組み合わせるとおかずにもなるし、顔
を作るためのパーツにもなるよ。そのままでも加
熱しても、おいしく食べられる!

缶詰

加熱調理済みで使いやすく、時短お弁当向き。
開封後に余った分は冷凍しておくと便利。彩り
をプラスしたいときはフルーツ缶もおすすめ。
※「シーチキン」は、はごろもフーズ株式会社の登録商標です。

ゆでずにそのまま刺しても、おかずの水分でやわらかくなり、お弁当の時間には食べられる！

水煮・シロップ漬け

そのまま使える万能食材。窒息の心配がある子には小さく切って。見えない部分に切り込みを入れるのも◎。うずらは断面がかわいい！

早ゆでパスタ

ゆで時間が短いので時短になるのはもちろん、サラダ用は1.2mm程度と細いため、おかずとおかずを連結させるのに使えるよ。

ごま

白、黒とはっきりした色なので、実はお弁当に映える優秀食材。黒ごまは、うずらなどの小さな食材に目をつけるときにおすすめ。

使いやすい大きさに切り、乾燥剤とともに保存容器に入れておくといいよ。

のり

おにぎりに巻いたり、顔のパーツにしたり、飾りにしたりと大活躍。全体に巻くときは、噛み切りやすいように切り目を入れて。

油・マヨネーズ

のりやハム、チーズなどの顔のパーツを食材につけるときに便利。油分でとめておかないと、乾いたときにはがれるので注意。

キャラフル・サブキャラフル
メーカー希望小売価格 ¥108／バンダイ

ふりかけ

炊いたごはんに混ぜるだけで、カラフルなごはんやおにぎりになるよ。お弁当箱に白いごはんを敷き詰め、ふりかけるだけでもOK！

※「デコふり」は、はごろもフーズ株式会社の登録商標です。

キャラフル

飾るだけでかわいくなる、魚のすり身でできた乾燥チップ。薄味でカルシウム入り。ハートや星、花などのほか、キャラクターのものもあるよ。

あられ

ごはんやおかずにトッピングすれば、見た目がカラフル＆かわいくなるおすすめ食材。顔をデコるときは、ほっぺに使うとイイ！

17

あったら最強！

便利グッズ

かわいいお弁当を作るための、
sana愛用おすすめグッズを揃えたよ。
好みに合うものを探すのも楽しいね！

調理グッズ

凸凹の模様が特徴的

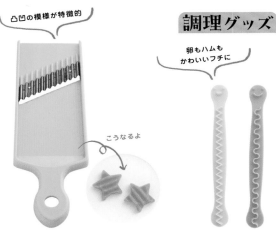

こうなるよ

フルベジ なみなみ ワッフルスライサー

メーカー希望小売価格
¥1,540（税込）下村工業

食材をスライサーのふち
に当ててスライスすると、
表面に"なみなみ"ができ
てかわいい。

卵もハムも
かわいいフチに

deLijoy 花卵コロン

メーカー希望小売価格
¥181（税込）小久保工業所

ゆで卵を置いてコロコロ
転がすだけで断面をきれ
いに飾り切りできる。ハム
や薄焼き卵にも◎。

お菓子作りにも
お弁当にも！

シリコン型

100円ショップの製菓道
具コーナーにあるシリコン
型。蒸し卵焼きも作れる
よ（→P36）。

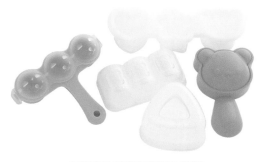

おにぎりメーカー

型に入れて、ぎゅっと押したりふったりするだけ
で、きれいな形が作れるよ。複数作るときに同じ
サイズにできるので、見た目が◎。定番の丸、三
角、俵形のほかに、動物などのユニークな型も
たくさん。

のりパンチ

のりをパンチでくり抜いて、星や花などの模様、
目や口などのパーツにできる道具。サイズや表
情は、メーカーによってさまざまあるよ。いろ
いろな種類があるので、日によって使い分けると
楽しい！

抜き型いろいろ

ステンレス

丈夫で汚れが落としやすく、生地がシャープに抜けるのが特徴。クッキー型として使われることが多い。

動物

好きな動物を集めたくなるアニマルの型。たとえばハムを抜いて顔をつけるだけでかわいい!

お花

野菜やハム、薄焼き卵を抜いて飾れば、お弁当箱にお花畑が出現! その日の気分でどんな花を咲かせよう?

丸形

目にほっぺに水玉に……と、使いやすい丸型。いろいろなサイズを持っていると、デコの幅が広がる!

楕円形

ゆるい口や縦長の目、動物の耳など使い方さまざま。型の半分だけを使って切り抜くこともできるよ(→P64)。

ユニーク

しずく、動物の耳や鼻、ちょうネクタイ、月や口……などに使える個性的な形。ビビッときたイメージで、オリジナルに仕上げて!

おすすめSHOP

お弁当グッズが豊富!

✓ アカチャンホンポ

妊娠・出産・育児に関わるグッズがなんでも揃う、マタニティと赤ちゃん、子ども用品の専門店。全国で126店舗あり(2023年12月末現在)、オリジナル商品からメーカーの人気アイテムまで多種多様な商品を取り扱っている。ピックやおにぎりラップ、のりパンチやパン、野菜の抜き型、飾り切り専用のナイフなど、お弁当グッズも充実。

✓ DAISO

全国に4280もの店舗がある(2023年9月現在)、誰もが知っている100円ショップ。カップやピックなどの定番グッズはもちろん、おにぎり型やウインナーカッターなども豊富。

✓ Seria

全国に2008店舗ある(2023年11月現在)人気の100円ショップ。オシャレな品揃えが魅力的。ピックや抜き型、お弁当箱もたくさん。全商品を110円(税込)で取り揃えています。

詰めるグッズ

シリコンカップ

洗って繰り返し使える、おかずカップ。冷凍保存OKのものを使えば、1食分のつくりおきおかずをそのまま冷凍できるよ。

紙カップ

いろいろな柄があり、1つ入れるだけで一気にお弁当が華やぐよ。サイズは5〜9号が使いやすいよ。おかずの大きさに合わせて。

ワックスペーパー

お弁当箱全体に敷いてもいいし、小さく切って仕切りに使ってもOK! パンやおにぎりを包んでもいいね。

ピック

動物や人気キャラクターのほか、目や帽子など、刺すだけで顔が作れるものまで、種類が豊富。子どもが自分で抜いて安全に使えるか、園で使えるかを確認しよう。

飾りやおかずの
連結に使える!

作っておきたい! 揚げパスタ

おやつに、そのまま
食べてもおいしい♪

材料

サラダ用スパゲッティ、油……適量

作り方

1 フライパンに少量の油を引き、サラダ用スパゲッティを入れて火にかける。

2 焼き色がついてきたら火を止め、菜箸で転がすように全体を焼いて完成。

お弁当を作る前に

のりパンチ

お弁当箱

小皿 つまようじ 抜き型

ピンセット

マヨネーズ

キッチンペーパー ハサミ

お弁当作りは、必要な道具を揃えてからスタート。テーブルは使いやすいように十分なスペースを確保し、お弁当箱や道具を並べてね。のりやハムなどのパーツをつけるためのマヨネーズは小皿に少量しぼっておき、つまようじにつけてからおかずにのせるよ。

事前準備をする

作りおきをする

冷蔵・冷凍できるおかずは、時間のあるときにまとめて作っておこう。この本では、冷蔵・冷凍できるレシピに右のようなマークをつけたので、参考にしてね。

このマークをCheck!

肉・魚のおかず 冷蔵 2〜3日 冷凍 2〜3週間

（うずら巻きとヨコにカット）

豚肉 味は満点、断面は映え！

にんじんはゆでておく

ゆでにんじんは、彩りアップにも、デコパーツにもなるよ。まとめてゆでておくのがおすすめ。

材料

にんじん……1本（200g）、水……500ml、塩……ひとつまみ

作り方

1 にんじんは5mm幅の輪切りにする。水と塩を入れた鍋に、にんじんを入れて中火で熱し、沸騰させる。

2 沸騰したら中火〜弱火にしてフタをし、5〜6分ゆでる。

\ 1度の準備で2度おいしい /

クッキーからトースト

1つの生地で、おやつにも
朝ごはんにも！

もみもみ板クッキー

子どもと一緒に
作れる

材料（20×27cm程度）

薄力粉……220g
バター……120g
塩……少々
粉糖……90g
※バターと卵は常温に戻す

卵……25g
紫芋パウダー・
　ほうれん草パウダー
にんじんパウダー・
　ココアパウダー
……適量

作り方

1 フリーザーバッグ（Lサイズ）にバターと塩を入れ、袋の上から揉む。

2 1に粉糖を入れて混ぜ、溶き卵を加えて混ぜる。さらに薄力粉を加えてしっかりと混ぜ、ひとまとまりにする。100g分を取り分けてよけておく（メロンパントーストに使うよ）。

3 2をフリーザーバッグから出してクッキングシートの上にのせる。さらにもう1枚のシートで生地を挟み、3mmの厚さになるまでめん棒でのばす。冷凍庫で15〜30分休ませる。

4 各パウダーをお皿に出し、型につけて生地に押し、柄をつける。

5 170℃に予熱したオーブンで16〜19分焼く。好みの大きさに割ってめしあがれ。

同じ生地を
使って……

翌朝の朝食に
うれしい！

メロンパン
トースト

材料（食パン2枚分）

もみもみ板クッキーの生地
　……100g
食パン……1枚
ココアパウダー……小さじ1/2
いちごパウダー……0.3g
無塩バターまたはマーガリン
　……適量
グラニュー糖……適量
お好みでチョコペン、あられ

作り方

1 100gの生地から、20gをとってココアパウダーを混ぜ、さらに20gをとっていちごパウダーを混ぜる。

2 1のプレーン生地とココア生地、いちご生地を薄くのばし、好みの型で抜く。

3 食パンにバターやマーガリンを塗り、2をのせてグラニュー糖をまぶす。

4 トースターで焦げないように注意して4〜6分焼く。粗熱がとれたらチョコペンやあられで飾る。

\1つだけでもかわいい！/

主食のおかず

一番ボリュームのある主食は、1品デコるだけで圧倒的な存在感！
1つ覚えれば立派なかわいいお弁当だよ。

この Part で作るおかずのお約束

✓ おにぎりを作るときは、温かいごはんを使い、できるだけラップを使用することをおすすめします。

✓ ウインナーなど加工食品の加熱や保存方法については、商品に記載された方法・期間に従って、調理・保存してください。

✓ 適当な抜き型がない場合は、調理用のカッターナイフや包丁などでカットしてください。ストロー、カップや皿のふちなども代用できます。

✓ のりやハム、チーズなどをおかずにのせるときは、マヨネーズや油などをつけてから飾ってください。

✓ おかずを固定するのに使う乾燥パスタは、早ゆで用の細いものだと短時間でやわらかくなります。

子どもの顔を
イメージしてね

顔おにぎり

基本のおにぎりのレシピ

材料（2個分）

ごはん
……子ども茶碗1杯分

塩……少々

ハム、のり……適量

作り方

1 温かいごはんに塩を混ぜて2等分し、ラップで包んで丸く握る。お好みで具を入れてもOK！

2 目や鼻、口、髪形に見立てて、のりパンチで抜いたのり、ほっぺなどに型やストローで抜いたハムなどを、マヨネーズや油でつける。

> のりや
> ハムなどの顔は
> マヨネーズや
> 油などで
> つけてね

男の子・女の子

> リボンのピックを
> ちょうネクタイに

材料（2個分）

ごはん……110g

のり（全型）……1/2枚

ハム……適量

乾燥パスタ

作り方

1 ごはん100gを2等分にして丸形に握る。のりを下の写真のような形（10×5.5cmを2枚）に切っておにぎりの上にのせ、ラップで包んでしばらくおく。

2 〔お団子〕ごはん10gをのり（7×7cm）で包み、ラップで包んでなじませる。**1**の頭のてっぺんにのせてパスタでとめる。

3 のりはパンチで抜き、**1**、**2**の顔の真ん中に鼻、鼻の両側に目、まゆ、下に口をつける。

4 ハムは楕円型か、ストローを平たくつぶしたもので抜き、ほっぺにする。

カップでごはん

材料（1個分）

ごはん……20g

昆布のつくだ煮……適量

赤ウインナー……5mm

にんじん……適量

のり……適量

作り方

1 6号サイズのカップにごはんを盛り、上のほうに昆布をのせる。にんじんはゆでておく。

2 目、口、まゆはのりをパンチで抜き、鼻はにんじんを小さな丸型で抜く。ウインナーは輪切りにしてほっぺにする。

10cm / 5.5cm / 切り目

おかっぱおにぎり

> 左右の髪の部分を波形に
> 切り、おさげにしても◎！

材料（2個分）

ごはん……100g

のり（全型）……1/2枚

ハム……適量

お好みでサブキャラフル（花）

10cm / 5cm / 4cm / 2cm

作り方

1 ごはんは2等分にし、丸く握る。のりを写真のような形に切っておにぎりの上にのせ、ラップで包んでしばらくおく。

2 のりはパンチで抜き、顔の真ん中に鼻、鼻の両側に目、まゆ、下に口をつける。

3 ハムは丸型や楕円型で抜くか切り、ほっぺにする。好みでサブキャラフルを飾る。

Point

顔は中心に寄せるとかわいくなるよ！

＼ 春夏秋冬をお弁当で感じよう ／

季節のおにぎり

葉っぱのピックが
あればつけてネ!

鏡もちおにぎり

材料(1個分)

ごはん
──約90g

デコふり(オレンジ)、
のり──適量

ハム──1/2枚

乾燥パスタ

作り方

1 ごはんは50g、30gずつ丸く握る。残りのごはん10gはデコふりを混ぜてから丸く握り、大きい順に重ねていく。

2 ハムは細く2本切り、1つは 1 の下のくびれ部分に巻いて、1つは右の写真のようにリボンの形にし、パスタでとめる。

3 のりはパンチで抜き、目と口にする。

鬼さんオムライスにぎり

材料(2個分)

ごはん──120g

A ケチャップ──大さじ1/2
　　顆粒コンソメ──少々

卵──1個

B 塩──少々
　　牛乳──小さじ1/2

冷凍グリンピース──2粒

スライスチーズ、のり──適量

作り方

1 温かいごはんに **A** を混ぜて2等分にし、三角に握る。

2 フライパンに油を熱し、卵に **B** を混ぜた卵液を入れて薄焼き卵を作る。半分に切り、1つを2等分にして 1 の下半分を包み、ラップで巻いてなじませる。残りの卵を2等分にし、錦糸卵にして頭にのせる。

3 鼻に解凍したグリンピースをのせる。白目はチーズを丸型で抜き、黒目はのりをパンチで抜く。まゆとパンツの柄は、のりをハサミで切って飾る。ピックをつけて角にする。

うさぎさんイースター

材料(1個分)

ごはん──100g

卵──1個

A 塩──少々
　　砂糖──小さじ1
　　酒──小さじ1/2

スライスチーズ、のり
　　──適量

お魚ソーセージ──3.5cm

乾燥パスタ

作り方

1 ごはんは卵形に握る。

2 卵は割りほぐして **A** を混ぜる。フライパンに油を熱し、薄焼き卵を作る。上の端をギザギザに切り、中央を小さい丸型やストローでいくつか抜いて 1 にかぶせて包む。

3 鼻まわりはチーズを丸型で抜き、目鼻と口をのりをパンチで抜く。ほっぺに小さい丸型で抜いたソーセージをつける。

4 残りのソーセージを耳の形に抜くか切り、パスタで 3 にとめる。

クワガタ

ピックの代わりに
揚げパスタでも◎

材料（1個分）
ごはん……50g
のり（全型）……1/4枚
スライスチーズ……適量

作り方

1　ごはんは少し縦長に握る。のりを下の写真のような形に切ってのせ、ラップで包んでなじませる。

2　チーズは丸型で抜いて白目に、のりはパンチで抜いて黒目にする。仕上げに角に見立てたピックを刺す。

9.5cm
5.5cm
切り目
4.5cm×2枚

アイスおにぎり

材料（1個分）
ごはん……50g
スライスチーズ
……1/2枚
ハム……適量

2

作り方

1　ごはんは楕円形に握り、棒を差し込む。

2　チーズは下の端を型で抜くか、つまようじで波形になぞって切る。1にのせて電子レンジ（600W）で10秒加熱し、ラップで包んでなじませる。

3　小さく丸く抜いたハムをいくつかのせる。

きのこ

おにぎりは型を
使うとカンタン♪

材料（3個分）
ごはん……75g
ケチャップ
　　……小さじ1
卵……1個
A 塩……少々
　　砂糖
　　……小さじ1
　　酒
　　……小さじ1/2

作り方

1　温かいごはん60gにケチャップを混ぜ、3等分にして俵型に握る。残りの15gも3等分にして丸め、軸に見立ててケチャップライスの下にくっつける。

2　卵は割りほぐしてAを混ぜる。フライパンに油を熱し、薄焼き卵を作る。丸型で抜いて1の上部にのせる。

まっくろおばけ

材料（1個分）
ごはん……50g
のり（全型）
　　……1/4枚
ハム……1/4枚
スライスチーズ
　　……適量
あられ……2粒

作り方

1　ごはんは丸く握る。のりは噛み切れるように、ところどころ切り込みを入れてから全体に巻き、ラップで包んでなじませる。

2　ハムは楕円型で抜くか切る。1の真ん中に切り込みを入れて、切ったハムを舌に見立てて挟む。細く切ったのりをのせる。

3　チーズは丸型で抜き白目に、のりはパンチで抜いて黒目に。ほっぺはあられ。

スパムミイラ

材料（2個分）
ごはん……80g
スパム……1切れ
スライスチーズ、のり
……適量

作り方

1　スパムは焼いて2つに切る。ごはんは2等分にして丸形に握り、スパムをのせる。

2　のりは細く10本ほどに切る。それぞれ1本はのスパムとごはんごとぐるりと巻く。残りはスパムの上にランダムに飾り、はみ出たのりは切る。

3　白目はチーズを丸型で抜き、黒目はパンチで抜いたのりをつける。

雪だるま

ピックは
お好みで♪

材料（1個分）
ごはん……100g
カニカマ……3本
にんじん……適量
のり、黒ごま……適量
乾燥パスタ

作り方

1　ごはんは俵形に握る。真ん中より少し上をへこませる。

2　カニカマは開いて赤い部分をマフラーにし、1.5cm幅に2つ切る。1つをのへこませたところにのせ、もう1つは短くして端を三角に切って飾る。

3　帽子はカニカマ1.5cmをパスタでとめる。目はのり、鼻はゆでたにんじんを丸型で抜く。口はごま。

プレゼント

材料（2個分）
ごはん……120g
A ケチャップ
　　……大さじ1/2
　　顆粒コンソメ
　　……少々
卵……1個
B 塩……少々
　　牛乳
　　……小さじ1/2
ハム……1枚

作り方

1　温かいごはんに**A**を混ぜて2等分にし、丸く握る。卵に**B**を混ぜ、フライパンに油を熱して薄焼き卵を作る。1にかぶせてラップで包み、形を整える。

2　ハムは5mm幅で8本切る。2本は1に十字に巻く。1本は左の写真のように輪にして、もう1本は輪の中心に重ねてリボンの形にし、真ん中にのせる。

いなりサンタさん

帽子の先は
カニカマでも◎

材料（1個分）
ごはん……50g
市販のいなり揚げ……1枚
カニカマ……1本
のり……適量

作り方

1　ごはんは、ひげやまゆ用に少量をよけておき、残りを三角に握る。いなり揚げは片方だけ開き、帽子に見立てて適当な大きさに切り、おにぎりにかぶせる。余分なところは切り取る。

2　1でよけておいたごはんのうち2粒をまゆにし、残りを下部にふんわりのせてひげにする。カニカマは丸型で抜いて鼻に、のりはパンチで抜いて目にする。

なんでもおにぎり

生き物、乗り物、スティック風！

コロコロペンギン

材料（2個分）
ごはん……50g
コーン……2粒
のり……適量
あられ……4粒

作り方

1　ごはんは2等分にし、丸く握る。

2　頭の模様はのりを三角に2枚切り、目は残った分をパンチで抜いてのせる。真ん中にコーンをのせ、ほっぺはあられ。

ネコ

ハートの鼻は逆さまにのせて

材料（1個分）
ごはん……50g
さつま揚げ……適量
めんつゆ（3倍濃縮）
　……少々
スライスチーズ、
　のり……適量
あられ……2粒
乾燥パスタ

作り方

1　ごはんは、手用に少量をよけておき、丸く握る。よけたごはんを2つに分けて小さく丸め、下部にくっつける。

2　さつま揚げは、白い部分（左）と茶色い部分（右）を三角に切るか型で抜き、耳にして1にパスタでとめる。残ったさつま揚げは魚の型で抜くか切る。

3　茶色いさつま揚げの耳をのせたあたりのごはんに、めんつゆを塗って模様に。

4　鼻はチーズをハート型で抜くか切り、真ん中にのせる。目鼻とひげはのりをパンチで抜く。ほっぺはあられ。

カップでライオン

材料（1個分）
ごはん……50g
A かつお節……小さじ2
　　塩……少々
卵……1個
B 塩……少々
　　砂糖……小さじ1
　　酒……小さじ1/2
お魚ソーセージ……1cm
スライスチーズ、のり
　　……適量
あられ……2粒
乾燥パスタ

作り方

1　温かいごはんに**A**を混ぜて丸く握る。6号サイズのカップに入れる。

2　卵は割りほぐして**B**を混ぜる。フライパンに油を熱し、薄焼き卵を作る。18×5cmに切って2つ折りにし、輪になったほうに切り込みを入れて1の顔にそうように巻く。余分なところは切る。

3　耳はソーセージを2枚の輪切りにし、丸型で抜いて2にパスタでとめる。鼻はチーズをハート型で抜き、のせる。目鼻と口はのりをパンチで抜く。ほっぺはあられ。

カニさん

おにぎり型を使うとカンタン！

材料（3個分）
ごはん……70g
ケチャップ
　……小さじ1
顆粒コンソメ
　……少々
スライスチーズ、
　のり……適量
揚げパスタ

作り方

1　温かいごはんにケチャップとコンソメを混ぜ、3等分にして俵形に握る。

2　おにぎり1個につき、チーズは丸型で4枚抜いて白目に、のりはパンチで2つ抜いてチーズの上にのせ黒目にする。

3　パスタを2で挟んで1にさす。のりは細く切って、お腹に「×」にしてつける。足に見立ててパスタを刺す。

新幹線

材料（1個分）
ごはん……100g
のり（全型）……1/4枚
スライスチーズ、チェダーチーズ……適量

作り方

1. ごはんは丸く握る。のりを右の写真のような形に切ってのせ、ラップで包んでなじませる。

切り目　7.5cm　11cm

2. 楕円型で抜いたスライスチーズと、丸型で抜いたチェダーチーズをつける。

飛行機

材料（1個分）
ごはん……100g
カニカマ……1本
かまぼこ……1.5cm
チェダーチーズ、のり……適量
乾燥パスタ

作り方

1. ごはんは楕円形に握る。

2. カニカマは赤い表面の部分を縦に1cm幅に切り、[1]の上にのせる。チーズは丸く抜き、前方につける。

3. かまぼこはお椀形に切って、真ん中と後方部にのせ、パスタでとめる。のりは1cm角に4枚切って窓にする。

恐竜

材料（1個分）
ごはん……100g
デコふり（緑）またはふりかけ……適量
ポークビッツ……4本
ハム、のり……適量
乾燥パスタ

作り方

1. ごはんに、デコふりなどで色づけをし、写真のような形にする。

2. ポークビッツは両端を切り、パスタでとめる。目と口はのりをパンチで抜き、ほっぺはハムを丸く抜く。

ラップおにぎり

顔はフードペンで描いてね

材料（2個分）
ごはん……100g

作り方

1. ごはんは2つに分け、大きめのラップで包んで横長の丸形に握る。

2. 〔うさぎ〕余分なラップを上部に寄せ、耳の形にしてリボンやモールなどでとめる。

3. 〔てるてる坊主〕余分なラップを下部に集める。カップの底をハサミで切り、ラップを穴に通して、リボンなどでとめる。

4. 2と3、それぞれラップの上から、ペンやシールで顔を描く。

ハムは直径4cmの型を使ったよ

ボールスティック

材料（2個分）

ごはん……100g

卵……1個

A 塩……少々

　砂糖……小さじ1

A 酒……小さじ1/2

ハム……1/2枚

カニカマ……1本

のり（全型）……1/4枚

切り目

4

作り方

1　ごはんは2等分にしてスティック状に握る。

2　卵は割りほぐして**A**を混ぜる。フライパンに油を熱し、薄焼き卵を作る。1に巻けるくらいの長さ（4.2×1.2cm）に切る。のりも同様に切る。

3　〔野球〕の1つに2の卵を巻く。ハムは丸型で抜いてのせる。カニカマの赤い部分をさき、ハムの上にのせる。

4　〔サッカー〕にのりを巻きハムをのせる。残ったのりを丸くパンチで抜いたあと、2つに折って写真のように切る。これを6つ作り、細く切ったのりでつなげる。

ミートボールにぎり

材料（2個分）

ごはん……100g

市販のミートボール……2個

スライスチーズ、
　　チェダーチーズ……適量

作り方

1　ごはんは2等分にし、丸く握る。真ん中を少しへこませる。

2　ミートボールは汁気をペーパーなどで軽く切り、1のへこんだ部分にのせる。チーズを好みの型で抜いて飾る。

3　2をラップで包んだあと、好みの柄のワックスペーパー（17×10cm）でキャンディー包みにする。

たらこのお花スティック

材料（2個分）

ごはん……120g

青じそ……1枚

たらこ……1/2腹

冷凍枝豆……4粒

あられ……4粒

作り方

1　青じそは細切りにする。ごはんに青じそを混ぜて2等分にし、スティック状に握る。

2　たらこはアルミホイルの上にのせ、トースターで4分焼く。4つに輪切りにして、1に2つずつのせて真ん中にあられをのせる。

3　枝豆は解凍し、2つに分けて2にのせ、葉っぱにする。ラップで包んで両端をモールなどでとめる。

おにぎらず 〈切ってビックリ、かわいい断面

保存容器を使って
ラクラク♪

基本の作り方

材料（8×7cmの容器を使用）
ごはん……120g
のり（全型）……1枚

1 ほぼ正方形の容器にラップを敷き、ごはんを半分詰める。

2 好みの具をのせ、その上に残りのごはんをのせ、ラップできつく包んでしばらくおく。

3 のりをひし形に置き、ごはんを写真のようにのせてのりで包む。

4 3をラップで包んでなじませる。具の切り口を意識して半分に切り、ラップを外す。

アスパラツナ

材料
ごはん……120g
アスパラガス……3本
ツナ缶……35g
A マヨネーズ……大さじ1/2
　 めんつゆ（3倍濃縮）……小さじ1/3
のり（全型）……1枚

作り方

1 アスパラはゆでて、容器の大きさに合わせて切る。ツナにAを和える。

2 容器に、ごはん→ツナ→アスパラ→ごはんの順にのせておにぎらずを作る。

3 2をのりで巻いて半分に切る。

カエル

材料
ごはん……120g
デコフリ（緑）、またはふりかけ……適量
厚切りハム……1枚
のり（全型）……1枚
黒ごま……4粒

作り方

1 ごはんにデコフリなどを混ぜる。ハムは焼く。

2 容器に、ごはん→ハム→ごはんの順にのせておにぎらずを作る。

3 2をのりで巻いて半分に切る。目玉のピックを刺す。ごまをのせて鼻の穴にする。

エビフライ

材料
ごはん……120g
赤ウインナー……1本
のり（全型）……1枚

A 卵……1個
　 砂糖……大さじ1/2
　 塩……少々
　 マヨネーズ……小さじ1/3

B 卵……1個
　 砂糖……小さじ1
　 塩……少々
　 みりん……小さじ1と1/2

作り方

1 Aを混ぜ、卵焼き器に油を熱し、卵液を3回に分け入れて卵焼きを作る。続けてBをよく混ぜ、フライパンを熱し卵液を混ぜて炒り卵を作る。

2 ごはん→卵焼き→ごはんの順にのせておにぎらずを作る。

3 2をのりで巻いて半分に切る。卵焼きの上に炒り卵をのせ、端に2つに切ったウインナーをのせる。

お手軽！詰めて
のせるだけ

ごはんのっけおかず

ひまわりコーン

材料

ごはん……子ども茶碗1杯分
ウインナー……2cm
コーン……適量
豆苗や枝豆など緑の野菜
　　　……適量

作り方

1 ウインナーは2つに輪切りにし、格子状に切り込みを入れる。フライパンで薄く焼き目をつける。

2 ごはんを詰めて、その上に1のウインナーをのせ、まわりにコーンを並べる。葉っぱに見立てて豆苗などを飾る。

おかかごはんでユニコーン

材料

ごはん……子ども茶碗
　　　1/2杯分＋28g
ヤングコーン……1/2本
けずり節……6g
A 砂糖……小さじ1/2
　 みりん……小さじ2
　 しょうゆ……小さじ1
白ごま……適量
お魚ソーセージ……1cm
スライスチーズ、のり、
　あられ……適量

作り方

1 フライパンにAを入れて煮立たせ、けずり節を加えて混ぜる。水分がなくなるまで煮詰め、ごまを加える。

2 ごはん1/2杯分を薄く詰め、1をかけてその上に細かくちぎったのりをのせる。残りのごはん20gは顔に、8gは2等分にして耳にして握り、のりの上にのせる。

3 ヤングコーンの先を小さく切り、2にのせる。ソーセージは3つ輪切りにし、チューリップと星の型で抜くか切る。チーズも星型で抜く。目と口はのりをパンチで抜く。ほっぺはあられ。

フレークブタさん

材料

ごはん……子ども茶碗1杯分
鮭フレーク……適量
のり……適量

作り方

1 ごはんを詰めて、耳と鼻の部分に鮭フレークをのせる。

2 のりはパンチで抜くか切り、目と鼻の穴にする。

Point

おかかとのりでワンちゃん
にしてもかわいい！

さくらんぼ

材料

ごはん
　……子ども茶
　　碗1杯分
赤ウインナー
　……2本
パセリ、ミント
　……適量
あられ……4粒

作り方

1 ごはんを詰める。パセリはつながった茎の部分をのせる。

2 ウインナーは端を切る。つまようじでパセリの茎を入れるための穴を開け、茎を差し込む。茎の上部にミントをのせる。

3 1のごはんの上に2をのせ、あられを飾る。

電車

=3

材料

ごはん……子ども
　茶碗1杯分
冷凍ハンバーグ
　……1個
チーズ入りウインナー……1cm
スライスチーズ
赤パプリカ
　……適量
揚げパスタ

作り方

1 ごはんを詰めて、下部に揚げパスタを置いて線路にする。

2 チーズは四角に3つ切ってハンバーグの上にのせ、1の線路の上に置く。パプリカはひし形に切って上部に。

3 ウインナーは2つに輪切りにし、パスタで固定してタイヤにする。

バス

材料

ごはん……子ど
　も茶碗1/2
　杯分＋45g
市販のミートボール……1個
ふりかけ（おかか）
　……適量
チェダーチーズ、
　ハム、のり
　……適量
キャラフル
　……ねこ2枚

作り方

1 ごはん1/2杯分は詰めて、下部にふりかけをかける。残りのごはん45gは四角く握ってバスにし、ごはんの上にのせる。

2 ミートボールはタレをふき取り、半分に切ってタイヤに見立ててのせる。チーズは丸型で抜いてその上にのせる。

3 ハムは細く切り、バスの上にのせる。のりを四角く3枚切ってのせたらキャラフルを置く。

消防車

**具のサイズは
お弁当箱に合わせて**

材料

ごはん
　……子ども茶
　　碗1杯分
カニカマ……2本
ポークビッツ
　……1本
赤ウインナー
　……1/2本
にんじん、スラ
　イスチーズ
　……適量
グリンピース
　……1粒
乾燥パスタ

作り方

1 ごはんを詰める。カニカマは広げて赤い部分だけのせ、消防車にする。

2 ポークビッツは縦に十字に切り、写真のようにはしごにする。

3 ゆでたにんじんは丸型で2つ抜き、消防車にパスタで固定してタイヤにする。グリンピースは半分に切り、その上にのせる。

4 チーズは切って窓に、赤ウインナーは赤色灯にする。カニカマの白い部分をさいてのせても。

丼・味つきごはん 〈食べたらエネルギー満タン♪

アルパカドライカレー

冷蔵 2～3日　冷凍 2～3週間

材料（大人2人分※）

ごはん……適量
合いびき肉……250g
玉ねぎ……1/2個（90g）
にんじん……1/3本（40g）
カレールウ……1かけ半
水……大さじ3

A カレー粉……小さじ1
トマトケチャップ、中濃ソース……各大さじ1/2
うずらの卵（水煮）、お魚ソーセージ、ビアハム、のり……適量
スライスチーズ、チェダーチーズ……適量
あられ……適量

作り方

1　玉ねぎ、にんじんはみじん切りにする。フライパンに油を熱し、玉ねぎとにんじんを炒める。全体に油がなじんだら、ひき肉を加えて色が変わるまで炒める。細かく切ったカレールウと水、**A**を加えて、水気をとばしながら炒める。

2　ごはんは子ども茶碗1杯分より少なめに詰めて**1**を適量のせ、その上にごはん35gをアルパカの形にしてのせていく。チーズは花型で抜いてまわりに飾り、あられをのせる。

3　耳はソーセージを丸く抜き半分に切る。鼻のまわりは、うずらの卵の白身の端を切ってのせる。目鼻、口はのりをパンチで抜く。ほっぺはあられ、ちょうネクタイはビアハムをリボン型で抜くか切る。

焼肉ワンちゃん目玉丼

材料（大人2人分※）

ごはん……適量
豚バラ薄切り肉……200g
ミックスベジタブル……50g
玉ねぎ……1/2個（90g）
うずらの卵……1～2個

A 砂糖、酒……各大さじ1
しょうゆ……大さじ1と1/2
にんにくチューブ、しょうがチューブ……各1cm
のり、あられ……適量

作り方

1　豚肉は2cm幅に切る。玉ねぎは薄切りにし、**A**は合わせておく。

2　フライパンに油を中火で熱し、**1**の玉ねぎを炒め、次に豚肉を入れて炒める。肉の色が変わったら**A**とミックスベジタブルを加え、煮絡めて取り出す。

3　フライパンに油を熱し、うずらの卵を焼いて菜箸で耳の形に整える。

4　ごはんは子ども茶碗1杯分くらい詰めて**2**を適量のせ、**3**をのせる。目鼻、口はのりをパンチで抜く。ほっぺはあられ。

※おかずは大人2人分、ごはんは子ども弁当1人分として記載しました。

基本のそぼろの作り方

材料（大人2人分）

〔肉そぼろ〕
鶏ひき肉……250g
A しょうがチューブ……2cm
　　酒……大さじ2
　　砂糖、しょうゆ……各大さじ1

〔卵そぼろ〕
卵……2個
B 砂糖、みりん……各小さじ1
　　塩……少々

冷蔵 2～3日　冷凍 2～3週間

1 〔肉そぼろ〕フライパンにひき肉、**A**を入れて混ぜる。火にかけて、弱めの中火で汁気がなくなるまで炒める。

2 〔卵そぼろ〕耐熱容器に卵を割りほぐし、**B**を入れて混ぜる。ラップをせずに電子レンジ（600W）で40～50秒加熱し、一度取り出して泡立て器で軽く混ぜる。さらに40～50秒加熱し、よく混ぜる。まだゆるい場合は10秒ずつ加熱をしながら様子を見る。

Point

卵そぼろをフライパンで作る場合は、フライパンに卵液を流し込み、菜箸4本を使って大きく手早く混ぜて。

お魚さん

材料

ごはん……子ども茶碗1杯分
肉そぼろの材料……適量
にんじん……1cm
グリンピース……3粒

作り方

1 にんじんはゆでて2枚に輪切りにし、魚の型で抜くか切る。基本の肉そぼろを作る。

2 ごはんを詰めて1のそぼろ、にんじんをのせる。泡に見立ててグリンピースをのせる。

そぼろクマ

材料

ごはん……子ども茶碗1杯分
肉そぼろの材料……適量
卵……1個
A 塩……少々
　　砂糖……小さじ1
　　酒……小さじ1/2
ハム、のり……適量

作り方

1 基本の肉そぼろを作る。

2 卵に**A**を加えて混ぜる。フライパンに油を熱し、薄焼き卵を作る。

3 ごはんを詰めて1を全体にのせる。2を楕円形、丸型で抜いて耳、目、鼻まわりにする。

4 のりはパンチで抜いて目鼻などに、ハムは丸く抜いてほっぺにする。

お花そぼろ

材料

ごはん……子ども茶碗1杯分
肉そぼろの材料……適量
卵そぼろの材料……適量
カニカマ……1/2本
グリンピース……2粒
さやえんどう……適量

作り方

1 基本の肉そぼろ、卵そぼろを作る。

2 ごはんを詰めて花の型を置いて、内側に卵そぼろ、外側に肉そぼろをのせる。

3 カニカマはちょうの型で抜くか切る。さやえんどうはゆでて葉と茎に。グリンピースは飾る。

お花ちりばめチャーハン

冷蔵 2〜3日　冷凍 2〜3週間

材料（子ども1人分）

ごはん……120g
卵……1個
A　塩……少々
　　白だし……小さじ1/3
ハム……1と1/2枚

パプリカ……20g
長ネギ……2cm
ブロッコリー（茎）……3cm
しょうゆ……小さじ1/2
塩・こしょう……少々

作り方

1　卵は割りほぐしてAを混ぜる。花形のシリコン容器の型4つ分にいっぱいまで卵液を入れておく。残りの卵液はとっておく。

2　フライパンに深さ1cmくらいの水を入れて沸騰したら弱火にし、1を容器ごと入れてフタをする。45秒〜1分したら取り出す。

3　ハムは丸型で6つ抜き、残りは1cm角に切る。ブロッコリーの茎はゆでて5mm幅に6つほど切る。パプリカは1cm角に、ネギはみじん切りにする。

4　フライパンにごま油（小さじ1/2／分量外）を熱し、3で1cm角に切ったハムとパプリカ、ネギを炒めたらフライパンの端によせて1の残りの卵液を入れて軽く混ぜ、ごはんを加えて全体に絡ませる。しょうゆを加えて炒め、塩・こしょうをふる。

5　お弁当箱に4を詰めて、3で丸く抜いたハム、ブロッコリーをのせて、2を飾る。

カップちらし寿司

カップはSサイズがいいよ

材料（2カップ分）

ごはん……90g
お寿司の素……小さじ1/2
にんじん……5mm
オクラ……1/2本
卵……1個

A　塩……少々
　　砂糖……小さじ1
　　酒……小さじ1/2
白かまぼこ……3切れ
ビアハム……1/4枚
のり、あられ……適量
乾燥パスタ

作り方

1　ごはんにお寿司の素を混ぜてカップに詰める。にんじんはゆでて魚型で抜くか切り、目になる部分を丸型で抜く。オクラはゆでて小口切りにする。

2　卵は割りほぐしてAを混ぜる。フライパンに油を熱し、卵液を流し込む。固まり始めたら火を消してフタをし、2〜3分余熱で火を通し、薄焼き卵を作る。3等分にして細かく切る。

3　かまぼこ2切れは楕円型で抜き、クラゲとタコの体にする。もう1切れは足の形に型で抜いて、パスタで体にとめる。同様にビアハムをタコの体と足の形に型で抜き、かまぼこに重ねてタコにする。目と口はのりをパンチで抜く。クラゲのほっぺはあられ。

4　カップに1のごはんを詰めて2と3、1のにんじん、オクラを飾る。

3

オムライス ケチャップライスと卵のドッキング

基本のケチャップライスの作り方

材料（子ども1人分）
ごはん……120g
ウインナー……1本
ミックスベジタブル……15g
塩・こしょう……少々
A ケチャップ……大さじ1弱
顆粒コンソメ……小さじ1/3

1 ウインナーは薄く輪切りにする。

2 フライパンに油を中火で熱し、1を入れて炒める。しんなりしてきたら塩・こしょうをふり、ごはんをほぐしながら加える。

3 ミックスベジタブルとAを加え、全体を混ぜ合わせる。

パンダオムライス

卵白はよく
溶きほぐしてね

材料
ケチャップライスの材料
卵……2個
A 牛乳……小さじ1
塩……少々
のり……適量
あられ……4粒

作り方
1 基本のケチャップライスを作る。

2 1個分の卵白を、よけてほぐしておく。卵黄と卵1個はほぐしてAを加えて混ぜる。

3 フライパンに油を熱し、2の卵液を入れて弱火でじっくりと火を通す。

4 表面が乾いてきたら火を止め、一部をパンダ型でくり抜き、そこによけておいた卵白を入れる。弱火にかけ、じっくり火を通す。冷ましたあとお弁当箱の容器でくり抜く。

5 容器に1を詰めて4をのせる。顔はのりをパンチで抜く。ほっぺはあられ。

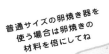

卵のっけオムライス

普通サイズの卵焼き器を
使う場合は卵焼きの
材料を倍にしてね

材料
ケチャップライスの材料
卵……1個
A 砂糖……大さじ1/2
マヨネーズ……少々
塩……少々
ハム……適量

作り方
1 基本のケチャップライスを作る。

2 卵は割りほぐしてAを混ぜる。1個用卵焼き器に油を熱し、1/3量の卵液を流し入れて弱火で焼く。半熟状になったら奥から手前に巻き、奥にずらす。同様に2回繰り返し、中まで火を通したら取り出す。

3 2をラップで包む。竹串を4か所に当てて両端を輪ゴムでとめ、しばらくおく。

4 容器に1を詰める。3を1.5cm幅に切ってのせる。ハムは丸く抜いて飾る。

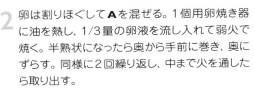

いなり寿司・太巻き　白いごはんでも酢飯でもOK

おいなりワン

材料（1個分）
ごはん、または酢飯……45g
市販のいなり揚げ……1枚
スライスチーズ、ハム、のり
……適量

作り方

1 いなり揚げは開き、耳になる角に余裕を持たせてごはんを詰める。

2 角を折り込んでたれた耳にし、ラップで包んで冷蔵庫で5分休ませる。

3 チーズは楕円型で抜くか切り、真ん中にのせる。のりはパンチで抜き、目鼻、口にする。ハムは丸く抜き、ほっぺにする。

リスいなり

材料（1個分）
ごはん、または酢飯……45g
市販のいなり揚げ……1枚
にんじん……適量
スライスチーズ、のり……適量

作り方

1 いなり揚げは開き、角までごはんを詰めてから頭をへこませ、耳をピンと立たせる。

2 チーズは丸く抜き、真ん中にのせる。のりはパンチで抜き、目鼻、口、おでこの模様にする。にんじんはゆでて丸型で抜き、ほっぺにする。

いなりパンダ

材料（1個分）
ごはん、または酢飯……45g
市販のいなり揚げ……1枚
黒豆（煮豆）……2粒
のり……適量
あられ……2粒
乾燥パスタ

作り方

1 いなり揚げは開き、ごはんを詰めてから、いなりのふちを内側に折り込む。

2 耳は黒豆をパスタでとめる。目鼻、口はのりをパンチで抜く。ほっぺはあられ。

お花巻き

材料（1本分）

ごはん……125g

のり（全型）……1と1/2枚

しそふりかけ、またはおかかふりかけ……適量

スティックチーズ……1本

作り方

1 ごはんにふりかけを混ぜ、5等分にする。

2 のり1枚のほうを半分にし、それぞれ3等分にして6枚にする。そのうちの5枚の上に **1** をのせ、小さな細巻きを5本作る。もう1枚はチーズに巻く。

3 1/2枚ののりを巻きすの上に置き、右の写真のように **2** をのせて、真ん中に **2** のチーズをのせる。

4 チーズが花びらの真ん中にくるように丸め、のりをなじませる。適当な大きさに切る。

カラフル巻き

材料（1本分）

ごはん……100g

お好みのデコふり（数種類）……適量

のり（全型）……1/2枚

作り方

1 巻きすの上にのりを置き、ごはんを平らにのせる。好みのデコふりを色別に交互にのせていく。

2 端から巻き、ラップで包んでなじませる。適当な大きさに切る。

ニワトリひよこ

普通の卵焼き器で作るなら倍量で

材料（1本分）

ごはん……110g

卵……1個

のり……1/2枚

A 砂糖……大さじ1/2

マヨネーズ……小さじ1/3

塩……少々

サブキャラフル……ハート2枚

スライスチーズ、チェダーチーズ、のり……適量

作り方

1 卵に **A** を混ぜる。1個用卵焼き器に油を熱し、卵液を3回に分けて流し入れて弱火で焼く。ラップで包んで丸くする。

2 巻きすの上にのりを置き、ごはんを平らにのせる。真ん中部分に少し多めにごはんをのせ、**1** を置いて卵焼きをくるむように巻く。5分ほどなじませる。

3 **2** を2～3等分にし、断面を飾る。チェダーチーズは丸型で抜いてニワトリのくちばしに、楕円型で抜いてひよこのくちばしにする。のりはパンチで抜いて目や口に。スライスチーズはハート型で抜くか切り、翼にする。

4 サブキャラフル1枚はトサカにして頭に、1枚は半分にしてあごに刺す。

挟む具材で
変化をつけて

サンドイッチ

ぷっくりお花の卵サンド

材料（2個分）

食パン（8枚切り）
……2枚

卵……1個

A マヨネーズ
……大さじ1/2

砂糖、塩・こ
しょう……少々

作り方

1 卵は冷蔵庫から出してすぐに沸騰したお湯に入れ、8分半ゆでる。白身は細かく切ってボウルに入れ、**A**を加えて黄身を入れ、つぶすように和える。

2 食パンは耳を切り、2枚重ねてラップで包む。電子レンジ（600W）で20秒加熱する。

3 パンに1を適量のせて挟んで、2枚合わせて花型で抜く。

型抜きサンド

材料（2個分）

食パン（8枚切り）
……2枚

卵……1個

A マヨネーズ
……大さじ1

砂糖、塩・こ
しょう……少々

クリームチーズ、
いちごジャム
……適量

作り方

1 卵は冷蔵庫から出してすぐに沸騰したお湯に入れ、8分半ゆでる。白身は細かく切ってボウルに入れ、**A**を加えて黄身を入れ、つぶすように和える。

2 〔星形〕食パン1枚を星型で2枚抜き、1枚に1を塗る。もう1枚の真ん中を、さらに小さな星型で抜いて重ねる。

3 〔花形〕食パン1枚を半分にして、1枚にクリームチーズとジャムを塗り、もう1枚の真ん中を小さな丸型で抜いて重ねる。2枚合わせて花型で抜く。

ハートサンド

材料（3個分）

食パン（8枚切り）
……2枚

卵……2個

A マヨネーズ
……大さじ1と
1/2

砂糖
……小さじ1/4

塩・こしょう
……少々

バター……適量

作り方

1 卵は冷蔵庫から出してすぐに沸騰したお湯に入れ、8分半ゆでる。白身は細かく切ってボウルに入れ、**A**を加えて黄身を入れ、つぶすように和える。

2 食パンは耳を切り、ラップの上に2枚とも並べてバターを塗る。それぞれ端から1cmほどあけて1をのせる。

3 2を折りたたみながら合わせて、ラップで包む。片端を菜箸で押さえ、反対は内側に折り込みハート形にし、冷蔵庫で10～15分休ませてから切る。

ヒツジのハムサンド

顔は直径5cmの
花型を使ったよ

材料（2個分）
食パン（8枚切り）……1〜2枚
ハム……2〜4枚
チェダーチーズ、のり……適量
マヨネーズ……適量

作り方

1 花型か丸型で、食パン4枚分、ハム2枚分を抜く。パン2枚分を、楕円型で抜くか切って顔がのぞくようにする。

2 1の楕円型で抜いたパンと、抜いてないパンにマヨネーズを薄くぬりハムを挟む。目と鼻はのりをパンチで抜き、楕円型で抜いた箇所のハムにつける。

3 チーズは丸型で抜き、顔の左右につけて、つまようじでくるくる模様を描く。

まんまるニワトリサンド

型に直径5.5cmの
カップを使ったよ

材料（1個分）
食パン（8枚切り）……1と1/2枚
にんじん……適量
お好みのジャム……適量
のり……適量

作り方

1 食パン1枚は耳を切り、上から1/3のところで切る。1/3のほうの1枚（C）を、ギザギザに切り抜く。

2 2/3のほうの1枚（A）にクリームやジャムを塗り、1/2枚（B）を下辺に合わせて重ね、1（C）を上辺に合わせて重ねる。カップで丸く抜く。

3 にんじんはゆで、楕円型で抜いてくちばしにする。さらに、チューリップ型で抜くか切ってトサカにする。2の上部に切り込みを入れてトサカを頭に刺し、くちばしをつける。目と口はのりをパンチで抜く。

お手紙サンド

材料（1個分）
食パン（8枚切り）……2枚
ハム……1枚
スライスチーズ……1枚
フリルレタス……1枚
マーガリン……適量
サブキャラフル……星1枚

作り方

1 食パンは耳を切り、右の写真のように切る（AとB）。Bには菜箸で押さえて写真のように筋をつける。

2 Aにマーガリンを塗ってBを重ね、2枚合わせてふちを菜箸でぎゅっと押さえてくっつける。

3 2のポケット部分に、レタス、斜め半分に折ったチーズ、折りたたんだハムを入れる。サブキャラフルをのせる。

もふもふワンちゃん

りんごクリームが
おいしい！

材料（1個分）
食パン（8枚切り）
　……2枚
クリームチーズ
　……45g
りんご……80g
砂糖、レモン汁
　……各小さじ1
ハム、のり
　……適量

作り方

1. りんごは1cmの角切りにする。りんご、砂糖、レモン汁を耐熱容器に入れ、ふんわりラップをして電子レンジ（600W）で2分加熱して粗熱をとる。

2. クリームチーズは常温に戻しておく。1の粗熱がとれたら水気を切り、チーズと混ぜてなめらかにする。

3. 食パン1枚を半分に切り、2を挟み、お弁当箱で型を抜く。

4. もう1枚のパンは、花型か丸型で2枚、さらに小さく1枚抜いて3に飾り、耳と鼻まわりにする。のりはパンチで抜いて目と鼻に、ハムは楕円型で抜いてほっぺにする。

鮭チーズのロールわん

材料（2個分）
食パン（8枚切り）……1枚
鮭フレーク……5g
クリームチーズ……10g
スライスチーズ、のり、あられ……適量
乾燥パスタ

作り方

1. 鮭フレークとクリームチーズを混ぜる。食パンの耳は切り、耳の部分をしずく形の型で抜くか切る。

2. パンに1のクリームを塗り、端から巻く。ラップで包んでなじませ、半分に切る。1の耳をパスタでとめる。

3. 鼻まわりはチーズをハート型で抜き、目と鼻、ひげはのりをパンチで抜いて2につける。ほっぺはあられ。

型抜きハムチー

のりで目などをつけてもいいね

材料（8個分）
食パン（8枚切り）……3枚
スライスチーズ、ハム……各2枚
お好みでのり……適量

作り方

1. 食パンの耳は切る。パンは、半分に切ることを考えて好みの型で抜く。

2. 1にハム、チーズの順にのせて電子レンジ（600W）で10秒加熱する。

　でここを切る

3. 2をラップの上に置き、くるくると巻いてそれぞれ2等分にする。好みで、型を抜いた箇所にチーズやのりなどを飾る。

ポテトサラダでトレイン

お弁当箱に合わせて
サイズを調節してね

材料（子ども1〜2人分）

食パン（8枚切り）……2と1/2枚
じゃがいも……1個（120g）
玉ねぎ……1/8個（20g）
きゅうり……1/4本
ハム……1と1/2枚

A　マヨネーズ……大さじ1
　　牛乳……小さじ1/2
　　塩こしょう……少々
にんじん……適量
無塩バターかマーガリン……適量
キャラフル……ねこ2枚

作り方

1 じゃがいもは皮をむいてひと口大に切り、耐熱容器に入れる。水で濡らして絞ったキッチンペーパーをかぶせ、ふんわりラップをして電子レンジ（600W）で3分加熱する。温かいうちにつぶす。

2 玉ねぎは薄切りにして水にさらし、水気を切る。きゅうりは薄切りにして塩でもみ、水で洗ってから絞る。きゅうり4枚は飾り用によけておく。ハム1枚は飾りの窓用に四角に4枚切ってよけておく。残りのハムは細かく切る。1のじゃがいもにこれらとAを加えて混ぜる。

3 食パンの耳は切り、1枚の片面にバターかマーガリンを塗って2をのせ、もう1枚で挟む。1/2枚の食パンは2等分にし、同様に2をのせて挟む。すべてラップで包み、冷蔵庫で5分ほどなじませる。1枚で挟んだ方を半分に切り、残り半分を2等分にする。

4 断面を見せるようにして置き、汽車に見立てて並べる。窓に2でよけておいたハム、車輪に2でよけておいたきゅうりをのせる。にんじんはゆでて4つの星型で抜き、きゅうりの上に飾る。窓にキャラフルをのせる。

ぶどうサンド

しっかり冷やすと
切りやすい！

材料（4個分）

食パン（8枚切り）……4枚
ヨーグルト（無糖）……400ml
生クリーム……200ml

砂糖……大さじ1
ぶどう……12個
キウイ……3個

作り方

1 ヨーグルトは水切りしておく。食パンは耳を切る。

2 生クリームは砂糖を加えてツノが立つまで泡立て、1のヨーグルトを混ぜてなじませる。

3 1のパン1枚に2のクリームを塗り、真ん中に右の写真のようにぶどうと、薄く切った2切れのキウイを茎に見立ててのせる。

3

4 残りのキウイを3のぶどうとキウイを支えるように置き、全体をクリームで埋めるようにする。もう1枚のパンで挟む。

5 ラップで包んで冷蔵庫で1時間以上おく。包丁をフルーツに差し込むようにラップごと半分に切る。

5

その他のパン ＜手づかみできる・食べやすい！

ミイラパン

材料（3個分）
ミニスティックパン……3本
チョコペン（白・黒）……適量

作り方

1 スティックパンに白のチョコペンでギザギザに模様を描いたあと、丸く白目を描く。

2 白目の上から、黒のチョコペンで黒目を描く。ピックがあればつける。

クマさん

材料（3個分）
ミニスティックパン……2と1/2本

スライスチーズ、ハム、のり……適量

乾燥パスタ

作り方

1 スティックパン1本を半分にする。

2 1/2本のパンを丸型で6つ抜いて耳にし、パスタでとめる。

3 チーズは丸型で抜き、鼻まわりにする。目鼻と口はのりをパンチで抜いてつける。ハムは好みの型で抜いてボタンやリボンにする。

クマロール

材料（1個分）
ロールパン……1個
ウインナー……1本と1cm
スライスチーズ……1/2枚
フリルレタス……適量
ケチャップ……適量
のり……適量
乾燥パスタ

作り方

1 ロールパンの真ん中に、横に切り込みを入れる。1cmのウインナーは半分にして耳にし、パンにパスタで固定する。

2 1本のウインナーは包丁で格子状に模様をつけて焼く。1のパンの切り込みに、レタス、ケチャップ、ウインナーを詰める。

3 チーズは楕円型で抜いて、上が少し大きくなるように切り、パンの切り込みの上下につける。目と鼻はのりをパンチで抜く。

くるま

材料（2個分）
ロールパン……1個
チーズ入りウインナー……2cm
赤ウインナー……7mm
無塩バターまたはマーガリン……適量
スライスチーズ、チェダーチーズ……適量
乾燥パスタ

作り方

1 ロールパンは縦半分に切る。断面にバターかマーガリンを塗り、トースターで焼き色がつくまで焼く。

2 チーズ入りウインナーは4つに輪切りにし、1の粗熱がとれたらタイヤに見立ててパスタでとめる。チーズは楕円型で抜いてから十字に切って、窓に見立ててのせる。赤ウインナーをのせればパトカーになる。

ピザトースト ＜ソースとチーズの風味が抜群

おばけピザ

チーズの形がダレたら
つまようじで直して

材料（2～3個分）
食パン（8枚切り）……1枚
ミックスベジタブル……適量
スライスチーズ……2枚

A ケチャップ……大さじ1
オリーブオイル、ウスター
ソース……各小さじ1/2

作り方

1 食パンは丸型で抜き、**A**を混ぜ合わせたソースを塗る。

2 チーズはおばけ型で抜くか切って1にのせ、ミックスベジタブルを飾る。トースターで2分焼く。

てんとう虫

材料（8個分）
イングリッシュマフィン……1個
ミニトマト……2個

A ケチャップ……大さじ1
オリーブオイル、ウスター
ソース……各小さじ1/2

ピザ用チーズ……適量
オリーブ……4個
のり……適量
グリーンリーフなどの葉
……適量
乾燥パスタ

作り方

1 イングリッシュマフィンを上下に分けて2枚にし、**A**を混ぜ合わせたソースを塗る。それぞれ1/4に切る。

2 ピザ用チーズをのせて、半分に切ったミニトマトをのせる。先端を切ったオリーブを、パスタでトマトに固定する。

3 トースターで3分30秒焼く。トマトにオリーブオイル（分量外）を薄く塗り、パンチで抜いたのりをつける。グリーンリーフなどの葉を飾る。

ハートピザ

パンを温めるから
やりやすいよ！

材料（2個分）
食パン……1枚
パプリカ、枝豆……適量

ピザ用チーズ……適量
A ケチャップ……大さじ1
オリーブオイル、ウスター
ソース……各小さじ1/2

作り方

1 食パンは斜めに半分に切り、耐熱容器にのせて電子レンジ（600W）で10秒加熱する。

2 パンの両端を中央に向けて折り込み、ハートの形にし、つまようじで横から固定する。

3 裏返しにして**A**を混ぜ合わせたソースを塗り、チーズ、パプリカ、枝豆をのせてトースターで焼き色がつくまで焼く。粗熱がとれたらつまようじを外す。

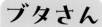

みんな大好き、
おやつごはん！

冷蔵 2〜3日　冷凍 2〜3週間

たっぷりの油で揚げると
まん丸に

パン・ケーキ

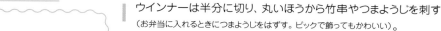

ブタさん

材料（24個分）
ホットケーキミックス……100g
卵……1個
牛乳……大さじ2
マヨネーズ……大さじ1
ウインナー……12本
お魚ソーセージ、のり……適量
乾燥パスタ

作り方

1 ウインナーは半分に切り、丸いほうから竹串やつまようじを刺す（お弁当に入れるときにつまようじをはずす。ピックで飾ってもかわいい）。

2 ボウルにホットケーキミックスと卵を入れて混ぜ、牛乳、マヨネーズを加えてさらに混ぜる。1に生地を絡める。

3 フライパンに160℃の油を熱し、2を揚げる。粗熱がとれたら、楕円型で抜いたソーセージを鼻にしてパスタでとめる。さらに輪切りにしたソーセージを丸型で抜いて半分にし、耳にしてパスタでとめる。目と鼻はのりをパンチで抜く。

アヒル蒸しパン

シリコンカップは
6号サイズが◎

材料（11〜12個分）
ホットケーキミックス……150g
卵……小さめ1個（50g）
牛乳……100ml
砂糖、サラダ油……各大さじ2
ウインナー……6本
チェダーチーズ、ハム、のり……適量
乾燥パスタ

作り方

1 ボウルにホットケーキミックスと砂糖を入れて混ぜる。卵、牛乳を加えてよく混ぜたら、最後に油を入れて混ぜ合わせる。シリコンカップに生地を8分目まで流し込む。

2 フライパンにカップの高さ1/3くらいまで水を入れ、沸騰したら1のカップを入れてフタをし、8〜9分蒸す。お湯がなくなったら足す。

3 ウインナーは端を切り、パスタで刺して帽子にする。チーズは、つまようじで写真のようにカットして、真ん中に置いてつまようじで口を描く。目はのりをパンチで抜く。ハムは好みの型で抜いて飾りにする。

お絵かき蒸しパン

材料（11〜12個分）
ホットケーキミックス……150g
卵……小さめ1個（50g）
牛乳……100ml+小さじ1
砂糖、サラダ油……各大さじ2
ココアパウダー……小さじ1

作り方

1 ボウルにホットケーキミックスと砂糖を入れて混ぜる。卵、牛乳100mlを加えてよく混ぜたら、最後に油を入れて混ぜ合わせる。

2 1の生地30gを取り分け、ココアパウダーと牛乳小さじ1を混ぜる。

3 シリコンカップに1の生地を8分目まで流し込む。2のココア生地を竹串につけて絵を描く。

4 フライパンにカップの高さ1/3くらいまで水を入れ、沸騰したら1のカップを入れてフタをし、8〜9分蒸す。お湯がなくなったら足す。

りんごケーキ

材料（2本分）
ホットケーキミックス……100g
卵……1/2個（25g）
牛乳……75ml
赤ウインナー……6本
いんげん……適量
揚げパスタ

作り方

1 ボウルにホットケーキミックス、卵、牛乳を入れて混ぜ合わせる。普通サイズの卵焼き器に油を熱し、生地の半量を流し込む。このとき、フライパンの半分くらいまで生地を広げる。

2 表面がぷくぷくしてきたら赤ウインナーを3本のせる。裏面に焼き色がついたらウインナーを巻き込みながら丸め、全体を転がしながら中まで火を通す。焼けたら適当な大きさに切る。いんげんはゆでて輪切りにし、葉にする。揚げパスタは軸にする。残りの生地とウインナーも同様に焼く。

シリアルくまさん

容器を使うとカンタンだよ！

材料（30〜32個分）
ホットケーキミックス……100g
卵……1個
牛乳……80ml
チョコペン（白・黒）……適量

作り方

1 ボウルにホットケーキミックスと卵を入れて混ぜる。牛乳を少しずつ加え、しっかりと混ぜる。あればドレッシングを入れる容器などに入れ替える。

2 フライパンに油を熱し、1の容器またはスプーンを使って生地を丸くたらし、（直径4cmほど）耳をつける。

3 表面がぷくぷくし、裏面に焼き色がついたらひっくり返して両面を焼く。

4 チョコペンで目や鼻まわりを描く。

タコさんドッグ

材料（16〜18個分）
ホットケーキミックス……100g
卵……1個
牛乳……75ml
赤ウインナー……16〜18本
スライスチーズ、ハム、黒ごま……適量

作り方

1 ボウルにホットケーキミックス、卵、牛乳を入れて混ぜ合わせる。赤ウインナーは端に3〜4本切り込みを入れて足を作り、軽く焼く。

2 タコ焼き器に油を薄く引き、8分目まで1の生地を流し込む。ぷくぷくしてきたらウインナーを入れる。

3 焼き色がつき、鉄板から生地が離れるようになったら火を止め、フタをして3分蒸らす。

4 チーズは丸型で抜いたあと、さらに小さな丸型で抜いて口にする。ハムは丸型で抜き、ほっぺに。目はごま。

\ 食が進む！ /
ツルツル

めん類

粉チーズをかけても
おいしい！

ナポリうどん

材料（子ども1～2人分）
うどん……1玉
ウインナー……1本
ピーマン……1/2個（15g）
玉ねぎ……1/4個
バター……5g

A ケチャップ……大さじ1
　　牛乳……大さじ1/2
　　ウスターソース……小さじ1/2
　　砂糖……小さじ1/4
　　顆粒コンソメ……ひとつまみ
ハム……適量

作り方

1　ウインナーと野菜は食べやすい大きさに切る。**A**は合わせておく。うどんは袋ごと電子レンジ（600W）で50秒加熱し、めんは食べやすい長さに切る。

2　フライパンにバターを熱し、野菜とウインナーを炒める。野菜がしんなりしてきたら1のうどんを入れ、**A**を加えてサッと炒める。

3　ハムは好みの型で抜き、飾る。

（ Point ）
Aを「みりん小さじ2、しょうゆ小さじ1と1/2、塩・こしょう少々」にすると、しょうゆ味に！

動物そうめん

Sサイズのカップがいいよ

材料（4個分）
そうめん……各25g（白50g、ピンク25g、黄色25g）
お魚ソーセージ、かまぼこ、
　　コーン、のり……適量
サブキャラフル……ハート2枚
あられ……8粒
めんつゆ……適量

作り方

1　そうめんは袋に記載してある通りにゆで、食べやすい長さに切り、カップに入れる。つゆは別の容器に入れて持っていく。

2　〔ニワトリ〕コーンはくちばしに見立てて1つ置く。のりはパンチで抜き、目と口にする。サブキャラフルをトサカとあごの下に置き、ほっぺにあられをのせる。

3　〔ブタ〕ソーセージは楕円型で抜くか切り、ストローをつぶしたもので鼻の穴を開ける。耳は丸型で抜いたソーセージを半分に切る。目はのりをパンチで抜く。ほっぺはあられ。

4　〔白クマ〕かまぼこはハート型で抜くか切り、鼻にする。耳は丸型で抜いたかまぼこを半分に切る。目と鼻はのりをパンチで抜く。ほっぺはあられ。

5　〔ヒヨコ〕コーンは2つ重ねて真ん中に置く。のりはパンチで抜き、目と翼、毛にする。ほっぺはあられ。

つゆは食べる直前に
かけるよ

金魚の冷やし中華

材料（カップ4個分）

冷やし中華……1袋

ミニトマト……8個

オクラ……1本

卵……1個

A 塩……少々

　 砂糖……小さじ1

　 酒……小さじ1/2

スライスチーズ、のり……適量

めんつゆ……適量

輪切りのきゅうり……適量

作り方

1　冷やし中華は袋に記載してある通りにゆで、食べやすい長さに切り、カップに入れる。つゆは別の容器に入れて持っていく。

2　オクラはゆで、輪切りにする。ミニトマトは、1個を左の写真のように金魚の体としっぽに分け、しっぽのほうを三角に切り取る。

3　卵は割りほぐしてAを混ぜる。フライパンに油を熱し、卵液を流し入れ、薄焼き卵を作る。火が通ったらフライパンから出し、3等分にしてから細切りにする。

4　1に3の薄焼き卵、2のオクラ、ミニトマト、丸型で抜いたきゅうりをのせる。チーズは丸型で抜いて白目に、のりはパンチで抜いて黒目にする。

2　皮はつながっている

ライオン焼きそば

材料（子ども1〜2人分）

焼きそば……1袋

豚肉薄切り、またはしゃぶしゃぶ用……2枚

キャベツの葉……1/2枚

ピーマン……1.5cm

ウスターソース……小さじ2

オイスターソース、しょうゆ……各小さじ1

にんじん……適量

うずらの卵……2個

チェダーチーズ、スライスチーズ、のり……適量

あられ……2粒

作り方

1　豚肉は3cm幅に切る。キャベツは2cm角に切り、ピーマンは小さく切る。にんじんはゆでて好みの型で抜く。

2　フライパンに油を熱し、うずらの卵を割り入れる。フタをして弱火で2分焼き、取り出す。

3　フライパンに油を中火で熱し、豚肉を炒める。肉の色が変わったらキャベツ、ピーマンを加え、2分ほど炒める。焼きそばは袋ごと電子レンジ（600W）で30秒加熱したものを食べやすい長さに切って加え、ほぐしながら炒める。ウスターソース、オイスターソース、しょうゆで味つけをし、お弁当箱に詰める。

4　2のうずらの卵を花型で抜き、のせる。スライスチーズはハート型で抜いて卵の真ん中に置いて鼻まわりに、のりはパンチで抜いて目鼻、ひげにする。耳はチェダーチーズを丸型で抜き、半分に切って左右につける。ほっぺはあられ。1のにんじんを飾る。

\ パーティーにおすすめ /
ちぎりむすび

休日ごはんや、お友だちが集まったときに、
かわいくて、ついつい手がのびる
おにぎりはいかが?

基本のおにぎり

おにぎり1つにつき、50gのごはんを丸形
に握ります。塩加減はお好みで。

カニさん
カニカマ2本
＋
揚げパスタ
＋
サブキャラフル・のり

砂浜
白すりごま小さじ1 & 塩少々＋お魚ウインナー1cm＋のり

浮き輪
カニカマ1/2本
＋
ハム1/2枚

クジラさん
のり5×4cm
＋
チーズ

カメさん
ふりかけ
＋
ポークビッツ2本
＋
ミニウインナー1本
＋
乾燥パスタ
＋
のり

アザラシ
かまぼこ5mm
＋
お魚ソーセージ5mm
＋
乾燥パスタ
＋
チーズ・のり

お魚
ゆでにんじん5mm
＋
青じそなどの葉

タコさん
デコふり(赤)小さじ1/2
＋
赤ウインナー2本
＋
乾燥パスタ
＋
ハム・のり

フグさん
のり9.5×5.5cm
＋
お魚ソーセージ1.5cm
＋
チーズ

50

＼ 味も見た目もさまざま！ ／

主菜・副菜 のおかず

主菜・副菜はお弁当の花形！ 作りおきできるものも多いので、
いろいろな食材＆ワザを組み合わせて。

この Part で作るおかずのお約束

✓ 卵1個で作る卵焼きは、1個用卵焼き器で作る場合の分量です。普通サイズの卵焼き器で作る場合は、材料の分量は倍にしてください。

✓ ウインナーなど加工食品の加熱や保存方法については、商品に記載された方法・期間に従って、調理・保存してください。

✓ 適当な抜き型がない場合は、調理用のカッターナイフや包丁などでカットしてください。ストロー、カップや皿のふちなども代用できます。

✓ のりやハム、チーズなどをおかずにのせるときは、マヨネーズや油などをつけてから飾ってください。

✓ おかずを固定するのに使う乾燥パスタは、早ゆで用の細いものだと短時間でやわらかくなります。

メインいろいろで
飽きさせない!

5日間のお弁当カレンダー

Mon

卵焼きデコで
やさしい色と味

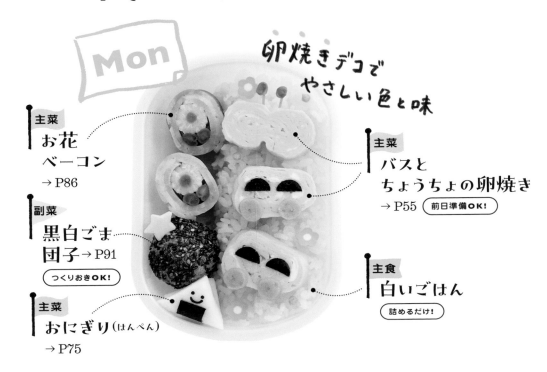

主菜
お花
ベーコン
→ P86

主菜
バスと
ちょうちょの卵焼き
→ P55 `前日準備OK!`

副菜
黒白ごま
団子 →P91
`つくりおきOK!`

主食
白いごはん
`詰めるだけ!`

主菜
おにぎり(はんぺん)
→ P75

肉・卵・野菜で
バラエティー豊か

Tue

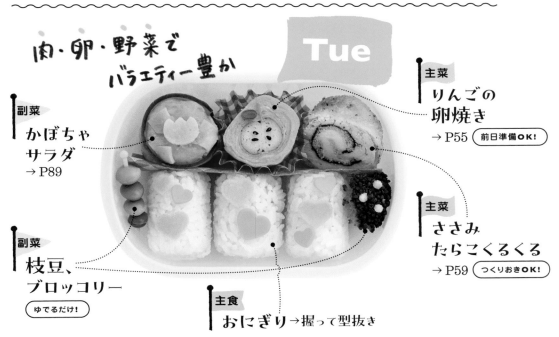

主菜
りんごの
卵焼き
→ P55 `前日準備OK!`

副菜
かぼちゃ
サラダ
→P89

主菜
ささみ
たらこくるくる
→ P59 `つくりおきOK!`

副菜
枝豆、
ブロッコリー
`ゆでるだけ!`

主食
おにぎり→握って型抜き

フライおかずで カリッと完食

Wed

主食
たらこのお花スティック → p30

主菜
春巻きで魚
→ P62　前日準備OK！

副菜
なみなみにんじん
→ P82

つくりおきOK！

主菜
のりチーズくるくる
→ P92

Thu

副菜
ちくゎ枝豆
→ P70

主食
おにぎり
握るだけ！

主菜
ライオン
コロッケ
→ P64

主菜
かまぼこ
型で抜くだけ！

主菜
卵焼き → P54

副菜
ブロッコリー　ゆでるだけ！

冷凍食品で パパっと手早く完成

ウインナーとおかずで 手がのびる

Fri

副菜
マッシュで栗
→ P88　つくりおきOK！

主食
ぷっくり
お花の卵サンド
→ P40

副菜
ミニトマト、　詰めるだけ！
ブロッコリー　ゆでるだけ！

副菜
お花きゅうり
→ P80

主菜
ミイラウインナー
→ P67

卵焼き いろいろな形に大変身！

のりや
ハムなどの顔は
マヨネーズや
油などで
つけてね

基本の卵焼きのレシピ

普通サイズの卵焼き器で
作る場合は倍量にしてね

材料（卵1個分）
[1個用卵焼き器の場合]
卵⋯⋯1個
A 砂糖⋯⋯大さじ1/2
　マヨネーズ、塩⋯⋯少々

作り方

1 卵は割りほぐして**A**を混ぜる。

2 卵焼き器に油を熱し、折りたたんだキッチンペーパーでなじませる。1/3量の卵液を流し入れて弱火で焼き、半熟状になったら奥から手前に巻き、奥にずらす。

3 同様に**2**を2回繰り返し、中まで火を通したら取り出す。

トラ

材料（2切れ分）
卵焼きの材料
チェダーチーズ
⋯⋯1/3枚
のり⋯⋯適量
乾燥パスタ

作り方

1 基本の卵焼きはラップで包んで形を整える。冷めたら食べやすい大きさに切る。

2 チーズは丸型で8つ、楕円型で2つ抜く。楕円形のチーズは**1**の鼻まわりにのせる。

3 のりはパンチで抜き、目鼻・ひげ・模様にして、**2**につける。

4 **2**の丸形のチーズ2枚でパスタを挟み、**3**に刺して耳にする。

4

ネズミ

材料（2切れ分）
卵焼きの材料
（1.5倍量）
お魚ソーセージ
⋯⋯4cm
のり、スライス
チーズ
⋯⋯適量
あられ
⋯⋯4粒

作り方

1 基本の卵焼きはラップで包んで形を整え、切る。上部に切り込みを入れる。

2 お魚ソーセージは4枚の輪切りにし、**1**の切り込みに挟む。

3 チーズは丸型で抜いて鼻まわりに、のりはパンチで抜いて目とひげに。ほっぺはあられ。

クマさん

材料（3切れ分）
卵焼きの材料
ミックスベジタブル
⋯⋯適量
のり、スライス
チーズ⋯⋯適量
あられ⋯⋯6粒
乾燥パスタ

作り方

1 基本の卵焼きはラップで包んで形を整え、食べやすい大きさに切る。

2 ミックスベジタブルは解凍し、パスタで刺して耳にする。

3 チーズは丸く抜いて鼻まわりに、のりはパンチで抜いて目鼻と口に。ほっぺはあられ。

2

バス

材料（2切れ分）
卵焼きの材料
ウインナー
……2cm
のり……適量
乾燥パスタ

作り方

1 基本の卵焼きはラップで包んで形を整え、食べやすい大きさに切る。

2 ウインナーは4枚の輪切りにし、パスタで**1**に固定する。

3 のりは丸いパンチ（直径1.2cm）で抜いてから半分に切り、窓にする。

キリン

ハート型があればきれいにできるよ

材料（2切れ分）
卵焼きの材料
スライスチーズ、
チェダーチーズ……適量
のり……適量
好みで揚げパスタやピック

作り方

1 基本の卵焼きはラップで包む。

2 開いた牛乳パックの角に**1**を挟み、竹串を1本深く真ん中にのせてハートの形にする。輪ゴムで両端をとめてしばらくおき、冷めたら切る。

3 鼻と耳は2種のチーズを楕円形やしずく形の型で抜くか切る。目と模様ののりはパンチで抜いてつける。角はピックか揚げパスタで。

ちょうちょ

材料（2切れ分）
卵焼きの材料
（1.5倍量）
さやえんどうの豆
または枝豆
……1個
揚げパスタ

作り方

1 基本の卵焼きはラップで包み、2本の竹串を上下の真ん中に当てて挟む。両端を輪ゴムでとめてしばらくおく。

2 揚げパスタに薄く切った豆を刺す。

3 **1**が冷めたら切り、**2**を差し込む。

りんご

材料（2切れ分）
卵焼きの材料
カニカマ
……2本
黒ごま……8粒
いんげん
……適量
揚げパスタ

作り方

1 基本の卵焼きの材料を混ぜる。

2 フライパンに1/2量の卵液を流し込み、カニカマの平らな部分同士を重ねて奥にのせる。奥から手前に巻いて形を整え、残りの卵液を入れて同様に巻く。

3 冷めたら適当な大きさに切り、種に黒ごま、軸に揚げパスタ、葉に小さく切ったいんげんを飾る。

ゆで卵 〈白身を飾る？ 断面を飾る？

基本のゆで卵のレシピ

材料（1個分）
卵……1個
水……卵が浸かるくらい

作り方（共通）

1 鍋に水を入れて沸騰させ、冷蔵庫から取り出したばかりの卵を入れる。鶏卵は9〜10分、うずらの卵は3分ほどゆでる。

2 湯を捨てて冷水にとり、殻をむく。

ギザギザカップ

材料（1個分）
ゆで卵……1/2個
マヨネーズ……小さじ1
塩・こしょう……少々
あられ……適量

作り方

1 ゆで卵に包丁を斜めに刺してギザギザに切り出し、白身を外す。

2 黄身を取り出してマヨネーズ、塩・こしょうで味をととのえ、白身のカップに盛りつけてあられを飾る。

卵カッターがあるとより便利

救急車

材料（1個分）
ゆで卵……1/2個
チーズウインナー……1cm
赤ウインナー……7mm
カニカマ、ピアハム、のり……適量
乾燥パスタ

作り方

1 ゆで卵は縦半分に切る。

2 ピアハムは7mm幅に切り、卵の大きさに合わせて両端を切る。カニカマは開き、十字形に切る。のりは三角と四角にカットし、1にのせる。

3 2つに輪切りにしたチーズウインナーと、赤ウインナーの先端を、パスタで1に固定する。

ワンちゃん

糸で切ると断面がキレイ

材料（1個分）
ゆで卵……1/2個
スライスチーズ、のり……適量
あられ……2粒

作り方

1 ゆで卵は縦半分に切る。

2 鼻まわりのチーズはハート型で抜くか切り、耳ののりはしずく形にカットする。目鼻と口はのりをパンチで抜く。ほっぺはあられ。

ニワトリ

材料（2個分）
ゆで卵……1個
スライスチーズ、のり……適量
サブキャラフル……ハート3枚
あられ……4粒

作り方

1 ゆで卵は横半分に切る。

2 くちばしのチーズは楕円型で抜くか切り、目と口はのりをパンチで抜く。トサカにサブキャラフル、あごに半分に切ったサブキャラフルを飾る。ほっぺはあられ。

ぷっくりクマさん

材料（1個分）
ゆで卵……1個
ハム……1/2枚
ピアハム、のり……適量
乾燥パスタ

作り方

1 ゆで卵は縦半分に切る。使わないほうの卵の白身を丸型などで6つ抜く。

2 布団のハムは3.5cm幅に切る。ピアハムは花型で抜く。1の丸い白身4つと花形のピアハムを布団につける。

3 ハムの余りを丸く抜いてほっぺにし、のりをパンチで抜いて目鼻にする。1の丸い白身2つを耳にして、パスタでとめる。

うずらの卵 ゆで卵はどこかに切り込みを入れて

チューリップ

材料（1個分）

うずらの卵……1個

作り方

1. うずらの卵はゆでて、上部に3本切り込みを入れる。
2. 黄身を軽くほぐして、下部にピックを刺す。

2種のおばけ

材料（各1個分）

うずらの卵……2個

ウインナー……1cm

ハム、スライスチーズ、のり……適量

乾燥パスタ

作り方

1. うずらの卵はゆで、真ん中あたりに切り込みを入れる。舌のハムは楕円型で抜くか切って、切り込みに挟む。
2. 白目のチーズは丸型で抜く。黒目と手、舌の線はのりをパンチで抜き、1につける。
3. 〔左〕ウインナーは半分に切り、パスタで上下に固定する。〔右〕ピックを刺して帽子にしても。

水玉うずら

恐竜の卵みたい!?

材料（各1個分）

うずらの卵……2個

さやえんどう……1個

ハム……1/4枚

作り方

1. うずらの卵はゆで、小さなストローで白身を丸く抜く。
2. 1と同じストローでハム、さやえんどうを丸く抜き、1の卵の穴にはめ込む。

太陽

材料（1個分）

うずらの卵……1個

チェダーチーズ、のり……適量

作り方

1. フライパンに油を熱し、うずらの卵を割り入れる。フタをして弱火で2分焼いてから取り出し、粗熱をとる。
2. チーズは星型で抜き、先端の部分を切って1にのせる。のりはパンチで抜いて目と口にする。

カラフルたまご

材料（各3個分）

うずらの卵……9個

〔黄色・カレー味〕

A 熱湯……100ml

顆粒コンソメ、カレー粉……各小さじ1

塩……小さじ1/4

〔ピンク・ゆかり味〕

B 熱湯……100ml

ゆかり……大さじ1

砂糖……小さじ1

酢……小さじ1/2

〔茶色・中華風〕

C 熱湯……100ml

しょうゆ……大さじ1/2

みりん……大さじ1

オイスターソース……大さじ1/2

酢……小さじ1/2

ごま油……小さじ1/3

作り方

1. 3つのポリ袋にA、B、Cそれぞれの材料をすべて入れて混ぜる。
2. 1に、ゆでたうずらの卵を3個ずつ入れて、黄色とピンクは10分、茶色は20分漬けておく。

※誤飲や窒息を防ぐため、詰めるときに切るか、切り込みを入れましょう。

豚肉 味は満点、断面は映え！

のりや
ハムなどの顔は
マヨネーズや
油などで
つけてね

うずら巻きでヒヨコ

食感が変わるので卵は
冷凍には不向きだよ

材料（卵3個分）

うずらの卵（水煮）……3個
豚もも肉薄切り……3枚
A トマトケチャップ……大さじ1
　　中濃ソース……大さじ1/2
　　砂糖……小さじ1/2

片栗粉……適量
チェダーチーズ、のり……適量
あられ……12粒

作り方

1　豚肉は開き、うずらの卵をのせて巻いたあと、片栗粉をまぶす。

2　フライパンに油を中火で熱し、肉巻き卵を転がしながら焼く。火が通ったら**A**を加えて、サッと絡める。取り出して半分に切る。

3　チーズは楕円型で抜くか切って口まわりに。目と毛、足はのりをパンチで抜く。ほっぺにあられ。

Point

卵は鶏卵でもそのままの材料で、できるよ！

にんじんお花巻き

材料（4本分）

豚ロース肉薄切り……8枚
にんじん……13cm（25g）

スナップエンドウ……8個
塩・こしょう……適量

作り方

1　にんじんは縦に4枚スライスし、塩をふって5分おく。塩気を水で洗い流し、水分をふき取る。

2　スナップエンドウはゆでておく。

3　1枚の豚肉に 1 を1枚のせて巻く。

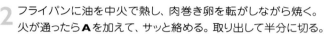

4　1枚の豚肉にスナップエンドウを2個並べて、その上に**3**をのせてさらに巻く。

5　フライパンに油を熱し、**4**の巻き終わりを下にして焼く。全体に焼き色がつき、火が通ったら塩・こしょうで味をととのえる。取り出して食べやすい大きさに切る。

鶏肉 〈 アレンジしやすく高たんぱく質

ささみたらこくるくる

材料(4本分)
鶏ささみ肉……4本(280g)
たらこ……1腹(30g)
スライスチーズ……2枚

のり(全型)……1/2枚
A 薄力粉……大さじ5
水……大さじ4と1/2
パン粉……適量

作り方

1 鶏肉は縦に切り込みを入れ、厚みが平らになるように開く。

2 チーズは2等分にし、のりは4等分にする。

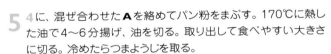

3 **1**に、**2**ののりをのせたあと、ほぐしたたらこを塗ってから**2**のチーズをのせる。

4 **3**をきつく巻いていき、つまようじでとめる。

5 **4**に、混ぜ合わせた**A**を絡めてパン粉をまぶす。170℃に熱した油で4~6分揚げ、油を切る。取り出して食べやすい大きさに切る。冷めたらつまようじを取る。

野菜のお花巻き

レンジ調理で
かんたん♪

材料(1本分)
鶏むね肉……1枚(290g)
にんじん……1本(180g)
いんげん……1本

A 酒、しょうゆ、みりん、
……各大さじ2
砂糖……小さじ2
ごま油……小さじ1
にんにく、しょうがの
すりおろし……各小さじ1/2

作り方

1 鶏むね肉は、厚みが平らになるように開く。

2 にんじんはすべて型で抜けるくらいの厚さに切って、花型で抜く。それぞれ真ん中も小さな丸型で抜く。

3 筋を取ったいんげんを**2**のにんじんすべてに通して**1**の鶏肉で巻く。最後にバラバラにならないようにタコ糸で縛る。

4 ポリ袋に**A**を入れて混ぜ、**3**を漬けて10分おく。

5 耐熱容器に**4**を汁ごと入れ、電子レンジ(600W)で6分加熱し、上下を返してさらに6分加熱する。粗熱をとって切る。

牛肉

肉と野菜のうま味が合体!

ちくわカラフル巻き

材料（3本分）

牛肉薄切り……3枚

ちくわ……3本

にんじん……10cm（8g）

赤パプリカ……10cm（7g）

いんげん……1本

酒……大さじ1

A みりん……大さじ2

　 しょうゆ……大さじ1/2

小麦粉……適量

作り方

1 にんじんは10cmの長さで1cm角の棒状に切り、ゆでる。赤パプリカも同じように切る。いんげんは筋を取る。

2 ちくわの穴に 1 をそれぞれ詰め、牛肉にのせて巻いて、小麦粉を薄くつける。

3 フライパンに油を中火で熱し、2 の巻き終わりを下にして焼く。全体に焼き色がついたら酒を入れて弱火にし、フタをして蒸し焼きにする。火が通ったら A を加えてサッと煮絡める。取り出して食べやすい大きさに切る。

にんじんじゃがの市松模様

お正月にも
ぴったりだよ

材料（4本分）

牛薄切り肉……4枚

にんじん……1/2本（80g）

じゃがいも
　……1/2個（または80g）

塩・こしょう……少々

A トマトケチャップ
　……大さじ1

　 水……大さじ1と1/2

　 砂糖、みりん
　……各小さじ1

　 しょうゆ……小さじ1/2

片栗粉……適量

作り方

1 にんじん、じゃがいもは1cm角の棒状にそれぞれ8本切る。耐熱容器に入れて少量の水を加え、水で濡らして絞ったキッチンペーパーをかぶせてラップをし、電子レンジ（600W）で3分30秒加熱する。粗熱がとれるまでおく。

2 牛肉を広げて塩・こしょうをふり、1 のにんじんとじゃがいもを2本ずつ交互に並べ、牛肉をきつく巻いて、片栗粉をまぶす。

3 フライパンに油を熱し、2 の巻き終わりを下にして、転がしながら焼き色がつくまで焼く。A を入れて絡める。取り出して食べやすい大きさに切る。

しゅうまい 皮のアレンジで変幻自在～

基本のしゅうまいのレシピ

材料（12個分）

豚ひき肉……200g

玉ねぎ……1/8個（35g）

しゅうまいの皮……12枚

レタス……適量

片栗粉……大さじ1/2

A しょうがチューブ……1cm

　しょうゆ……小さじ2

　ごま油、酒……各小さじ1

　塩・こしょう……少々

作り方

1 玉ねぎはみじん切りにする。

2 ボウルに1と片栗粉を入れて混ぜ、ひき肉とAを加えてよく練り混ぜる。

3 2のしゅうまいのタネをひと口大に丸めて、皮で包むか皮などをのせる（下記のそれぞれのレシピ参照）。

4 大きめの耐熱容器にレタスを敷いて3をのせる。水で濡らして絞ったキッチンペーパーをかぶせてラップをし、電子レンジ（600W）で4～5分加熱する。

ミイラしゅうまい

ピックの帽子があるとかわいい！

材料（12個分）

しゅうまいの材料

しゅうまいの皮……12枚

ハム、スライスチーズ、チェダーチーズ、のり……適量

作り方

1 しゅうまいの皮はそれぞれ6等分に細長く切る。

2 基本のしゅうまいのタネをひと口サイズに丸め、1の皮をまんべんなくつける。基本の作り方同様に加熱する。

3 チーズは丸型で抜き、ハムは楕円型で抜くか切る。のりはパンチで抜き、目と舌に。

アルパカ

材料（12個分）

しゅうまいの材料

しゅうまいの皮……12枚

お魚ソーセージ……6cm

スライスチーズ、のり……適量

あられ……24粒

乾燥パスタ

作り方

1 基本のしゅうまいのタネを丸め、皮で包み、基本の作り方同様に加熱する。

2 お魚ソーセージ、チーズは丸型で抜く。ソーセージは2つに輪切りにし、さらに半分に切り、パスタでとめて耳にする。のりはパンチで抜き、目と鼻、口にする。ほっぺはあられ。

錦糸卵ヒヨコ

材料（12個分）

しゅうまいの材料

市販の錦糸卵……1袋（40g）

チェダーチーズ、のり……適量

サブキャラフル……ハート12枚

作り方

1 基本のしゅうまいのタネを丸め、錦糸卵をつける。基本の作り方同様に加熱する。

2 チーズは楕円型で抜くか切って口まわりに。のりはパンチで抜いて目と口にする。サブキャラフルは丸く切り、ほっぺにつける。

揚げもの ＞ カリッとした食感で大人気

春巻きで魚

材料（4個分）
春巻きの皮……1枚
ウインナー……4本
スライスチーズ……1と1/4枚
ケチャップ……適量
ハム、のり……適量

作り方

1. 春巻きの皮とチーズ1枚は4等分する。ウインナーは斜めに3本ほど切り込みを入れる。

2. 1の皮にチーズを1つずつ、ケチャップ、1のウインナーをのせ、右側だけ折り込まずに巻く。

3. 巻き終わりに水を塗って皮をとめ、折り込まなかったほうの皮をハサミでV字形にカットする。

4. フライパンに油を170℃で熱し、3を焼き色がつくまで揚げる。

5. 1/4枚のチーズとハムは丸型で抜き、ハムはさらに半分に切る。のりはパンチで抜く。4にチーズとのりをのせて目にし、ハムとケチャップでうろこの模様にする。

Point
焼き色がついたらサッと引き上げてね。

しましまハムカツ

材料（4個分）
ボロニアソーセージ……3cm
スライスチーズ……2枚

A 小麦粉……大さじ1
水……大さじ1
パン粉……適量

作り方

1. ソーセージは3つに輪切りにする。ソーセージ、チーズの順に交互にのせていく。

2. **A**を合わせて1を浸し、パン粉をつけて5分なじませる。

3. フライパンに深さ1cmほど油を入れて170℃に熱し、2を入れて転がしながら焼き色がつくまで揚げる。粗熱がとれたら1/4に切る。

市販品 ちょっぴりアレンジで超時短

ミイラナゲット

材料（1個分）
市販のナゲット……1個
ケチャップ……適量
スライスチーズ、のり……適量

作り方

1 白目はチーズを丸く抜き、黒目はのりをパンチで抜いてつける。

2 ペーパーなどでコルネを作り（→P15参照）、ケチャップを入れてナゲットに模様を描く。

（ Point ）
コルネの先を小さく切ると、きれいな線が描けるよ

おばけチーズ

材料（2個分）
市販の肉団子……2個
スライスチーズ、
　チェダーチーズ……各1枚
さやえんどう……3mm
カニカマ、のり……適量
あられ……2粒

点線で切り取る

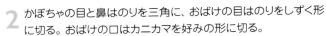

作り方

1 のりは、写真のようにお椀形に切ってから、右の写真の点線に沿って3箇所を切り取り、かぼちゃの口にする。

2 かぼちゃの目と鼻はのりを三角に、おばけの目はのりをしずく形に切る。おばけの口はカニカマを好みの形に切る。

3 肉団子の上にチーズをのせ、電子レンジ（600W）で15秒加熱する。粗熱がとれたら 1 と 2 をのせる。かぼちゃの頭にゆでたさやえんどうを刺す。ほっぺはあられ。

どんぐり

のりで小さく顔をつけてもかわいい♡

材料（2個分）
市販のミートボール……1個
ミニウインナー……1本
揚げパスタ

作り方

1 ミートボールとウインナーは半分に切り、切り口を合わせる。

2 揚げパスタでとめる。

加熱が
必要なものは
パッケージの
表示に従って
使ってね

冷凍食品 お弁当作りの強〜い味方！

コロッケわん

材料（1個分）
冷凍のクリーム
　　コロッケ……1個

枝豆……1粒
スライスチーズ、のり、ソース……適量
乾燥パスタ

作り方

1 コロッケの右上に、スプーンの裏を使ってソースを塗る。

2 枝豆は縦半分に割り、パスタでとめる。

3 口まわりはチーズを丸型で抜き、目と口、ひげはのりをパンチで抜いてつける。

サイズの合うカップで
作ってね

ライオンコロッケ

材料（1個分）
冷凍のコロッケ……1個

ハム、スライスチーズ、のり
　　……適量

作り方

1 紙カップにコロッケを入れる。

2 鼻はチーズをハート型で抜いて逆さに
つける。つまようじで模様をつける。

2

3 のりをパンチで抜き目と鼻に、ハムは丸型で抜いてほっぺにする。

スライスチーズやのり、
揚げパスタなどでアレンジ

エビカツかたつむり

材料（1個分）
冷凍のエビカツ……1個

かまぼこ……1〜2切れ
乾燥パスタ

作り方

1 かまぼこの下部を写真のように型で抜き、ピンクの部分を少し切り取ってから上部を丸める（下部はそのまま食べるかお弁当箱に詰めて）。

1

2 1 をエビカツの上にのせてパスタでとめる。ほっぺは 1 で切り取ったピンクの部分を丸型で抜いてつける。飾りに目玉のピックを刺す。

ドーナツハンバーグ

材料（2個分）
冷凍のハンバーグ……2個
スライスチーズ……1枚
カニカマ、ハム……適量

作り方

1 スライスチーズはハンバーグの大きさに合わせて好みの型で抜き、真ん中を丸型で抜く。

2 カニカマ、ハムは小さい丸型で抜く。

3 1をハンバーグの上にのせ、その上に2を飾る。

ナゲットはりねずみ

材料（1個分）
冷凍のナゲット……1個
グリンピース……1個
にんじん……少量
のり……適量
揚げパスタ

作り方

1 にんじんはゆでて丸型で抜き、目はのりをパンチで抜く。ナゲットにつける。

2 グリンピースはパスタで1の鼻先にとめる。残りのパスタは、はりに見立てて体になる部分に刺す。

アジフライみつばち

揚げパスタでもOK

材料（1個分）
冷凍のアジフライ……1個
チェダーチーズ、スライスチーズ、のり……適量
あられ……2粒

作り方

1 チェダーチーズはハート型で抜くか切り、羽にする。スライスチーズは丸型で抜き、白目にする。のりはパンチで抜き、黒目と口にする。ほっぺはあられ。

2 アジフライに1をのせ、頭の部分にピックを刺す。

のりや
ハムなどの顔は
マヨネーズや
油などで
つけてね

ウインナー サイズ、見た目で使い分けて

クマさん

材料（4個分）
ミニウインナー……5本
スライスチーズ、のり……適量
あられ……8粒

作り方

1　ウインナー4本は縦に、浅く切り込みを入れる。

2　残りのウインナー1本は8つの輪切りにし、丸型で抜く。1の切り込みに挟んで耳にする。

3　チーズは丸く抜いて鼻のまわりに、目鼻、口はのりをパンチで抜き、2につける。ほっぺはあられ。

ちょうちょ

約4cmのハートの
型を使ったよ

材料（2個分）
ミニウインナー……2本
ハム……1枚
スライスチーズ、
　　チェダーチーズ……適量
揚げパスタ
お好みでいんげん
　　などの豆

作り方

1　ウインナーは縦に半分に切る。

2　ハムは、大きめのハート型で抜くか切って、右の写真のように1で挟む。大小に丸型で抜いたチーズをつける。

3　揚げパスタを刺す。いんげんの豆を先端につけてもかわいい。

2

ロケットウインナー

材料（2個分）
ミニウインナー……1本
にんじん……適量
スライスチーズ、
　　チェダーチーズ……適量

作り方

1　にんじんは輪切りにしてゆで、楕円型で抜くか切って半分にする。

2　ウインナーは横に2等分してから、縦に半分に切る。間に1を挟む。

3　チーズは星型で抜いて2につける。

くるくるウインナー

材料（2個分）
ロングウインナー……1本

作り方

1 ウインナーは縦に半分に切って端から巻く。巻き終わりにピックを刺す。
（食べる時は必ずピックを抜く）

ミイラウインナー

帽子のピックを刺してもイイネ！

材料（2個分）
ウインナー……2本
ハム、スライスチーズ、のり……適量

作り方

1 ウインナーの中心に竹串を刺し、突き通す。竹串を片手で持ち、回しながらぐるりと包丁で切り込みを入れていく。

2 ウインナー全体をのばして切り込みを少し広げる。ハムは楕円型で抜くか切り、切り込みに挟む。

3 白目はチーズを丸く抜き、黒目と舌の線はのりをパンチで抜いてつける。

ツリー

ピックが短い場合は、揚げパスタを刺して

材料（2個分）
ポークビッツ……6本
あられ……10粒

作り方

1 ポークビッツ3本を縦に並べ、山形になるように大小つけて、上2本の両端を斜めに切る。これを2個分作る。

2 好みのピックで刺してあられを飾る。
（食べる時は必ずピックを抜く）

サンタブーツ

材料（2個分）
赤ウインナー……2本
ちくわ……1cm
サブキャラフル……花1枚・星1枚
揚げパスタ

作り方

1 ウインナーは斜めに切り、切り口を合わせるようにパスタでくっつける。

2 ちくわは2つ輪切りにして、1の上にはめ込む。サブキャラフルをつける。

ハム・チーズ 〉最強おいしい組み合わせ

てるてるチーズ

材料（3個分）
ぎょうざの皮（大判）……3枚
キャンディーチーズ……3個
オリーブオイル……適量
カニカマ、ハム、のり……適量
あられ……6粒

作り方

1. チーズは皮で包み、軽く絞って写真のような形にする。

2. オリーブオイルを薄く塗り、トースターで5分前後焼く。

3. カニカマ、ハムはリボン型で抜くか切る。目と口はのりをパンチで抜き、ほっぺにあられをつける。

(Point)

ひらひら部分は重ならないようにふんわりさせると、火の通りがよくなるよ。

お花ハムカップ

6号サイズのカップがぴったり！

材料（2個分）
ゆで卵……1個
ハム……2枚
コーン……大さじ1
枝豆……2個

パプリカ……適量
A マヨネーズ……大さじ1
　砂糖……ひとつまみ
　塩・こしょう……少々
ピザ用チーズ……適量

切れ目

2

作り方

1. ゆで卵はつぶしながら**A**を混ぜる。枝豆は半分に切り、パプリカは輪切りにする。

2. ハムの上下、左右に3cmくらいの切り込みを入れて耐熱のカップに入れる。

3. 2に1の卵を入れたあとチーズをのせ、1のパプリカと枝豆、コーンをのせる。トースターで焼き色がつくまで焼く。

ハムおばけ

おばけのピックがあればプラスしても

材料（2個分）
ハム……2枚
クリームチーズ……20g
のり……適量

作り方

1. ハムは直径7cmの丸型で抜く。クリームチーズは2つに分けて丸め、ハムをのせてラップに包んで冷蔵庫で10～15分休ませる。

2. 目と口はのりをパンチで抜き、1につける。

(Point)

しっかり冷やすと、きれいな形になるよ。

キャンディー

外れそうなときは
パスタでとめて

材料（2個分）
お魚ソーセージ……2cm
ビアハムまたはロースハム……1枚

作り方

1 ソーセージは2つに輪切りにする。ハムを通す部分にストローで穴を開け、裏面は切り込みを入れる。

2 ハムは半分に切り、両端を波形にカットする。蛇腹折りにして1の切り込みに入れる。

くるくるハムチー

材料（4個分）
ハム……1枚
スライスチーズ……1枚

作り方

1 耐熱容器にハムとチーズをのせ、電子レンジ（600W）で10秒加熱する。

2 温かいうちに端からくるくると巻き、ラップで包んで冷蔵庫で5分休ませる。食べやすい大きさに切り、断面を見せる。

ハムチーフィンガー

ビスケットのかわりに
フリッツでもかわいいよ

材料（2個分）
キャンディチーズ……2個
フィンガービスケット……2本
ハム……適量

作り方

1 チーズにビスケットを差し込む。
（食べやすいようにチーズに切りこみを入れると◎）

2 ハムは好みの型で抜き、1にのせる。

しましまハムチー

材料（2個分）
ハム……1枚
スライスチーズ……1枚

作り方

1 ハムとチーズを重ねて4等分にする。

2 1のハムとチーズを重ねて、さらに4等分にする。

3 2を2つずつ重ねてピックでとめる。（食べる時は必ずピックを抜く）

ちくわ 〳穴に詰めても詰めなくても◎

ちくわチーズハート

チェダーチーズでも
かわいいよ

材料（2個分）
ちくわ……1本
スライスチーズ……1枚

作り方

1 ちくわは縦半分に切る。スライスチーズはちくわの大きさに合わせて切り、ちくわの上にのせる。

2 両側から真ん中に向かって折り、ハートの形になるようにつまようじで（ピックはここでは厳禁!）とめる。

3 2をトースターに入れ、チーズが溶けるまで焼く。冷めたらつまようじを取る。ピックで飾ってもOK！

2

ちくわワン

耳の型はストローを
つぶしたもので◎

材料（3個分）
ちくわ……1と1/2本
きゅうり……1/2本
のり、乾燥パスタ……適量

作り方

1 きゅうりはちくわの長さに合わせて1cm角の棒状に切り、ちくわ1本に詰めたあと3つに切る。

2 ちくわ1/2本の茶色い部分を少し切り、しずく形に型で抜くか切って耳にする。

3 1に2をパスタでとめる。目鼻と口はのりをパンチで抜く。

ちくわ枝豆

チーズの前に
＋マヨでもおいしい

材料（4個分）
ちくわ……1本
ミックスベジタブル
……大さじ1
ピザ用チーズ……適量
お好みで枝豆など

作り方

1 ちくわは縦半分に切ってから2等分する。

2 切り口にミックスベジタブルや、好みで枝豆などをのせる。

3 チーズをかけて、トースターでチーズが溶けるまで焼く。

ちくわナポリタン風

断面がかわいいので
切って見せてね

材料（6本分）
ちくわ……2本
ウインナー……6本
A ケチャップ……大さじ1
ウスターソース、砂糖、牛乳……各小さじ1/2

作り方
1 ちくわはウインナーの長さに合わせてカットし、ウインナーを詰める。
2 フライパンに弱火で油を熱し、1を入れて焼く。合わせておいた**A**を加えて絡め、適当な大きさに切る。

ちくわどり

ミックスベジタブル
でもOK

材料（4個分）
ちくわ……1本
枝豆やコーン、ゆでにんじんなど……適量
黒ごま……8粒

作り方
1 ちくわは4つに切る。穴に、枝豆やコーン、ゆでにんじんなどを詰める。
2 黒ごまをつけて目にする。

ちくわフラワー

材料（2個分）
ちくわ……1本
ハム……1/2枚

作り方
1 ちくわは縦半分に切る。ハムは2等分し、端をジグザグにカットする。
2 1のちくわの内側に、1で切ったハムを置いて巻き、ピックでとめる。
（食べる時は必ずピックを抜く）

1

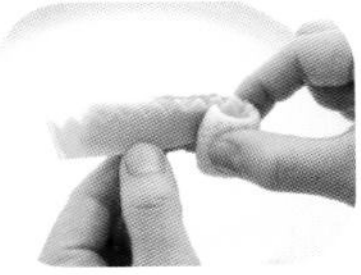
2

かまぼこ ＞白にピンクで彩りバッチリ

パンダ

耳はチーズにのりを
のせて挟んでも◎

材料（3個分）
白かまぼこ……3cm
のり……適量
あられ……6粒

作り方
1 かまぼこは3等分にし、上部に切り込みを入れる。

2 耳はのりを丸くパンチで抜き、1の切り込みに挟む。

3 目鼻と口ものりをパンチで抜く。ほっぺはあられ。

ニワトリ

材料（3個分）
白かまぼこ……1.5cm
サブキャラフル
　……星3枚・ハート6枚
のり……適量
あられ……6粒

作り方
1 かまぼこは3等分にし、上部に切り込みを入れる。サブキャラフルのハートを1の切り込みに挟み、トサカにする。サブキャラフルの星を楕円形に切り、くちばしにする。その下にハートを逆さにつける。

2 目と口はのりをパンチで抜く。ほっぺはあられ。

くるくるかまぼこ

材料（2個分）
紅白かまぼこ……2cm

作り方
1 かまぼこは2等分にし、型で下半分くらいを抜いてよける（よけた分はそのまま食べるかお弁当箱に詰めて）。

2 1の上部分を端から巻き、ピックでとめる。
（食べる時は必ずピックを抜く）

うさぎ

目は黒ごま、ほっぺは
あられでもOK！

材料（1個分）
紅白かまぼこ……1cm
のり……適量

作り方
1 かまぼこのピンクと白の境目を端から2/3まで切り込みを入れる。

2 ピンク部分をさらに縦半分に切り目を入れ、それぞれくるんと巻き込んで耳にする。

3 目はのりをパンチで抜く。ほっぺはかまぼこのピンク部分を少し切り取り、丸型で抜いてつける。

ハート

ピックは食べるときに外してね

材料（2個分）
紅白かまぼこ……2cm
乾燥パスタ

作り方

1 かまぼこは2等分にする。端を少し残して縦半分に切り込みを入れる。

2 切り込みを開き、外側に広げてハートの形にする。パスタまたはピックでとめる。

ケーキ

材料（3個分）
紅白かまぼこ、または白かまぼこ……1.5cm
ビアハム……1/2枚
紅白かまぼこのピンク部分、またはハム……適量
ミントやほうれん草など緑の葉……適量

作り方

1 かまぼこは、ケーキの形になるように扇形に3つに切る。

2 ビアハムは幅7mmに切り、かまぼこの側面に貼りつける。上に紅白かまぼこのピンク部分かハムを丸型で抜いてのせ、小さく切った緑の葉を飾る。

リボン

材料（1個分）
紅白かまぼこ……1cm

作り方

1 かまぼこのピンクと白の境目に両端から切り込みを入れ、中央1cmほどを残す。

2 下の白い部分を2mmほど切り落とし、上にのせる1cm角ほどの正方形を作る。

3 1で切り込みを入れたピンク部分を内巻きにくるんと巻き込み、最後に2をのせる。

なるとリボン

材料（1個分）　　　　　　乾燥パスタ
なると……1本

作り方

1 なるとはスライサーで縦に2枚スライスする。1枚は真ん中が重なるように2つ折りにして（**A**）、もう1枚は細く切って（**B**）、残りはよけておく。

A
B

2 **A**の真ん中に**B**を巻きつけてパスタでとめる。

3 1でよけておいた部分の端をV字形に切り、下に飾るとかわいい。

カニカマ・はんぺん < 子どもに人気の練り製品

くるくるお花

葉っぱピックを
使うとかわいい！

材料（2個分）
カニカマ……2本

作り方

1. カニカマは縦に切れ目を入れ、切れ目から広げて開いていく。

2. 縦に半分に折り、輪になったほうに切り込みを入れる。

3. 端からくるくると巻いてピックでとめる。
（食べる時は必ずピックを抜く）

カニリボン

材料（2個分）
カニカマ……2本
のり……適量

A てんぷら粉……大さじ1
水……大さじ1と1/2

作り方

1. カニカマは中央にのりを巻き、両端を軽くほぐす。**A**を混ぜた液に浸す。

2. フライパンの全体にいきわたるくらいの油を中火で熱し、1をカラッとするまで揚げ焼きにする。

お花はんぺん

材料（3個分）
はんぺん……1枚

スライスチーズ、チェダー
チーズ、ハム……各1枚

作り方

1. はんぺんは花型で3つ抜き、半分の厚みに切る。片方のはんぺんだけ、真ん中を小さな丸型で抜く。

2. チーズ、ハムは同じ花型で抜き、1の間に挟む。

もよう焼き

四角いはんぺんを
丸型で抜いてもOK

材料（1個分）
チーズはんぺん……1個

作り方

1 はんぺん全体にアルミホイルを巻き、好みの型を押しつける。

2 1でできた跡にそって、つまようじでなぞり、アルミホイルを切り取る。

3 切り抜いたはんぺん部分に薄く油を塗り、トースターで焼き色がつくまで焼く。

ミニおでん

つまようじは
食べるときに抜いてね

材料（2個分）
はんぺん……1/4枚

うずらの卵……2個
ちくわ……1/2本

作り方

1 うずらの卵はゆで、裏に切り込みを入れる。はんぺんは三角形に切り、ちくわは半分に切る。

2 つまようじに、ちくわ、うずらの卵、はんぺんの順に刺す。

Point

小さく切ったウインナーを刺してもおいしいよ。

おにぎり

はんぺんは
そのままでも焼いても◎

材料（2個分）
はんぺん……1/4枚

のり……適量

作り方

1 はんぺんは三角形に切る。

2 のりは、1の大きさに合わせて長方形に切り、1に巻く。

3 目と口はのりをパンチで抜いてつける。

スイーツなおかず＆デザート

冷蔵	2〜3日	冷凍	2〜3週間

サクサク生地と
あま〜いクリーム

おばけパンプキン

ホロリくずれる
やさしい食感

冷蔵	2〜3日	冷凍	2〜3週

スイートポテト

材料（20〜25個分）

かぼちゃ……200g

砂糖……25g

バター……10g

生クリーム……30ml

溶き卵……1個分

冷凍パイシート……3枚

チョコペン（黒・白）
……適量

作り方

1 かぼちゃは皮や種を除いて細かく切る。耐熱容器に入れ、ふんわりラップをして電子レンジ（600W）で4分加熱する。

2 熱いうちにつぶして、砂糖とバターを加えて混ぜる。

3 生クリームを少しずつ加えて混ぜ、冷蔵庫で10分休ませる。

4 冷凍パイシートを解凍し、めん棒で少しのばしたら、おばけ型で抜く。半分は目と口も型で抜く。

5 土台となる4に3をのせ、目と口を型で抜いたパイシートをかぶせ、まわりにフォークを押しつけて閉じる。ミイラはパイシートの残りを集めてのばしたものと、細く切ったものを同数用意し、3を挟んで余分なところを切る。

6 5をオーブンに入れる寸前に溶き卵を塗り、200℃に予熱したオーブンで13〜15分焼く。

7 チョコペンで目を描く。

材料（12〜15個分）

さつまいも……300g

A 砂糖……25g
バター……25g
塩……少々

生クリーム
……大さじ2

卵黄……1個分

バニラエッセンス
……2滴

黒ごま……適量

卵黄……1個分
（ツヤ出し用）

作り方

1 さつまいもは皮をむいて細かく切り、水に5分さらして水気を切る。耐熱容器に入れ、水で濡らして絞ったキッチンペーパーをのせて電子レンジ（600W）で5分加熱する。

2 熱いうちにつぶしてAを加え、混ぜる。

3 生クリーム、卵黄とバニラエッセンスを加えて混ぜ合わせる。

4 アルミホイルの上に3を20g程度に分けて丸め、ツヤ出しに卵黄を塗る。

5 黒ごまをふり、トースターで焼き色がつくまで焼く。

3時のおやつにも、お弁当にも◎な
かんたん＆楽しいおやつ。子どもと一緒に作るのもイイネ。

クマさんチュロス

カリッと揚げて
香ばしく

フルーツボンボン

常温でも溶けないので
お弁当向き

材料（20個分）

薄力粉……80g

A 牛乳……200g
　　バター……25g
　　グラニュー糖
　　　……小さじ1
　　塩……少々

溶き卵……1個分

チョコペン……適量

作り方

1 小鍋に**A**を入れて熱し、バターが溶けてフツフツしてきたら火を止める。

2 **1**にふるった薄力粉を加え、しっかりと混ぜる。

3 溶き卵を3回ぐらいに分けて入れ、木べらでなじませる。

4 クッキングシートは1個分の大きさ（9×9cm）にカットする。絞り袋に星型の口金をはめ、**3**を入れて、切ったシートの上に絞る。

5 170℃に熱した油に、**4**をクッキングシートのまま入れる。シートははがれたら取り出す。きつね色になったら取り出して、油を切る。

6 チョコペンで目や鼻を描く。

Point

チョコをかけたり、グラニュー糖やシナモンをまぶしたりしてもイイ！

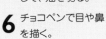

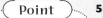

材料（5〜6個分）

フルーツ缶……190g

砂糖……大さじ1と1/2

粉寒天……2g

レモン汁……小さじ1

作り方

1 缶詰のフルーツは食べやすい大きさに切る。シロップ（80g）は水を加えて250mlにする。

2 小鍋に**1**のシロップを入れて熱し、砂糖と粉寒天を加えて混ぜる。沸騰したら2〜3分煮立たせて火を止め、レモン汁を加える。

3 小さなカップにラップを敷き、**1**で切ったフルーツを入れて**2**を流し込む。ラップを絞って輪ゴムやリボンでとめ、固まったら完成。

Point

冷蔵庫で冷やすと、よりおいしい！

緑の野菜 グリーン1つでフレッシュ&映え！

アスパラお花

のりや
ハムなどの顔は
マヨネーズや
油などで
つけてね

アスパラガス

材料（2個分）
アスパラガス……4cm
ハム……1枚

作り方

1 ハムは半分に切る。さらに半分に折り、輪になったほうに5mm間隔で1cmほどの長さの切り込みを入れる。

2 アスパラはゆでて半分に切り、1 の上に置いてくるくると巻いてピックでとめる。
（食べる時は必ずピックを抜く）

あおむしくん

枝豆

材料（1個分）
枝豆……3〜4個
ウインナー……5mm
黒ごま、のり……適量
揚げパスタ
お好みであられ

作り方

1 パスタに枝豆を刺し、最後に輪切りにしたウインナーを刺す。

2 目は黒ごま、口はのりをパンチで抜いて 1 につける。パスタを頭に2本刺して触角にする。好みでほっぺにあられをつける。

水玉クリームチーズ

材料（2個分）
クリームチーズ……10g
枝豆、ハム……適量
フィンガービスケット……2本

作り方

1 クリームチーズはラップに包んで丸め、ビスケットをつける。

2 枝豆は半分にする。ハムは丸型で抜く。1 につける。

おやつ感覚で
食べられる！

カエル

さやえんどう

材料（3個分）
さやえんどう……3個
スライスチーズ、のり……適量
あられ……6粒

作り方

1 さやえんどうは、ゆでてから片側だけ開き、豆を取り除く。さやを楕円型で抜く。余った部分で体を台形に切り取る。

2 チーズは丸く抜き、白目にする。のりはパンチで抜いて黒目と鼻にする。ほっぺはあられ。

オクラちくわ

オクラ

材料（4個分）
オクラ……1本
ちくわ……1本

作り方

1 オクラはゆでて、ちくわの穴に通す。

2 4等分に切って断面を見せる。

Point

オクラのかわりに、パプリカでもにんじんでも◎！かんたんでかわいいよ。

ブロッコリーブーケ

ブロッコリー

材料（1個分）
ブロッコリー……1房
ハム……1/2枚
マヨネーズ……適量
あられ……適量

作り方

1 ブロッコリーはゆでる。

2 ハムにマヨネーズと 1 を置いて端からくるくると巻いていく。あられを飾る。

ツリー

カップに入れたりパスタでとめても◎

材料（1個分）
ブロッコリー……1房
ウインナー……1cm
あられ……適量

作り方

1 ブロッコリーはゆでて茎を取り除く。

2 ウインナーの上に 1 をのせて、あられを飾る。

フリフリきゅうりブーケ

きゅうり

材料（1個分）
きゅうり……1.5cm
ハム……1/2枚
乾燥パスタ
またはピック

作り方

1 きゅうりはすべてスライスして水にサッとくぐらせる。しっかりと水気をふき取り、ハムのふちに少しずつ重ねて並べていく。

2 1を端からくるんと巻く。巻き終わりをパスタでとめる。

きゅうりカップ

卵に切り込みを
入れると食べやすい

材料（2個分）
きゅうり……10cm
うずらの卵……2個
ミックスベジタブル
……適量
乾燥パスタ

A ツナ缶……10g
（※汁気をしっかり切る）
マヨネーズ
……小さじ1/3

作り方

1 きゅうりは縦に2枚スライスし、ゆでて切り込みを入れたうずらの卵に巻きつけてパスタでとめる。

2 Aを合わせたものを1の上にのせ、解凍したミックスベジタブルをちらす。

お花きゅうり

材料（2個分）
きゅうり……4cm
しば漬け……適量

作り方

1 きゅうりはスライサーで縞模様にし、2つに切る。断面をスプーンで軽くくり抜く。

2 1のくぼみにしば漬けをのせる。

スイカ

材料（4個分）
きゅうり……1cm
カニカマ……適量
黒ごま、またはのり……適量

作り方

1 きゅうりは2つに輪切りにする。カニカマは丸型で抜き、きゅうりの上に置いて半分に切る。

2 お好みで、黒ごまか、のりをパンチで抜いて種にする。

ちくわいんげん

いんげん

目はチーズと
のりでも◎

材料（4個分）
いんげん……2本
ちくわ……1本
のり……適量
サブキャラフル……ハート8枚

作り方

1 ちくわは4等分にする。いんげんはゆでて5cmの長さに切る。

2 1のちくわの穴に1のいんげんを通す。いんげんの両端に切り込みを入れる。

3 目玉のついたピックを刺して、はさみに見立ててサブキャラフルを1個につき2枚ずつ差し込む。お腹の模様はのりをパンチで抜いてつける。

ちょうちょピザ

材料（8個分）
イングリッシュマフィン……1個
いんげん……4本
ハム……2枚
ピザ用チーズ……適量
A ケチャップ……大さじ1
ウスターソース、オリーブ
オイル……各小さじ1/2

作り方

1 マフィンは上下に分けて2枚にする。粉がついた部分を上にして、合わせたAを塗る。

2 いんげんは半分に切り、それぞれ端を2つ輪切りにする。ハムはハート型で抜くか切る。

3 1にチーズをのせ、その上に、2をちょうちょの体、羽、目に見立ててのせる。トースターで4分焼く。

くるんっと油揚げほうれん草 冷蔵 2〜3日 冷凍 2〜3週間

ほうれん草

材料（1本分）
油揚げ……1枚
ほうれん草……200g
カニカマ……2本
A 水……120ml
しょうゆ、みりん
……各大さじ1
砂糖……小さじ2
顆粒だし……少々

2

作り方

1 油揚げは油抜きし、水気をふき取る。端を少し切り落としてから開き、1枚にする。

2 ほうれん草はゆでて茎と葉を均等に広げて1にのせ、カニカマものせる。端からくるくると巻き、つまようじでとめる。

3 フライパンにAを入れて煮立たせ、2を入れる。煮立ったら弱火で3分、裏返してさらに3分煮る。粗熱がとれたらつまようじを取り、食べやすい大きさに切る。

赤の野菜 彩りキレイな華やかおかず

基本のにんじんグラッセの作り方

材料（共通）

にんじん……1本（200g）

A 顆粒コンソメ……小さじ1

水……200ml

砂糖……大さじ1

バター……大さじ1

作り方（共通）

1 にんじんは皮をむいて1cm幅の輪切りにする。

2 鍋に**A**を入れて熱し、**1**を加えて、煮立ったら中弱火にし、12分煮る。

3 にんじんがやわらかくなったらバターを加え、ときどき鍋をゆすりながら煮詰める。煮汁が少なくなり、にんじんに照りが出てきたら完成。

にんじん 　冷蔵 2〜3日 　冷凍 2〜3週間

型抜きにんじん

材料（3個分）

にんじんグラッセ……3個

作り方

1 基本のにんじんグラッセを3個分作り、好みの型で抜く。

にこにこにんじん

材料（2個分）

にんじんグラッセ……2個

作り方

1 基本のにんじんグラッセを2個分作り、丸型で抜いたあと、小さな楕円型で2つの目を抜く。

2 口は楕円型を横にずらしながら形を作る。

なみなみにんじん 　冷蔵 2〜3日 　冷凍 2〜3週間

材料（2個分）

にんじんグラッセ……2個

作り方

1 基本のにんじんグラッセを2個分作る際に、にんじんは波型のスライサーで断面をスライスしてから輪切りにする。

2 **1**を星など好みの型で抜いてから、にんじんグラッセにする。

ミニにんじん

[冷蔵] 2〜3日　[冷凍] 2〜3週間

材料（2個分）
にんじんグラッセ……2個
ブロッコリー、のり……適量

作り方

1 ブロッコリーはゆでておき、小房に分けておく。

2 基本のにんじんグラッセを2個分作り、楕円型で抜くか切り、つまようじで上部に 1 の茎が入るくらいの穴を開ける。

3 2 の穴に 1 を入れる。のりを細く切って飾る。

2

にんじんグラッセに
してもおいしいよ

にんじんきのこ

材料（2個分）
にんじん……2cm
スライスチーズ、ハム……適量

作り方

1 にんじんは2つに輪切りにしてゆで、きのこ型で抜いて軸部分を切るか楕円形で抜く。

2 チーズもきのこ型で抜き、チーズの上に 1 をのせる。

3 ハムは小さく丸く抜き、2 の上にのせる。

にんじんのおうち

材料（2個分）
にんじん……1cm
ハーフベーコン……1枚
スライスチーズ……適量
乾燥パスタ

作り方

1 にんじんは2つに輪切りにし、家のような形に切ってゆでる。ベーコンは縦半分に切り、フライパンで焼いたあと、にんじんに巻きつけ、パスタでとめる。

2

2 チーズは四角く8つに切り、1 の上にのせる。

チューリップ

ミニトマト

材料（2個分）
ミニトマト……2個
クリームチーズ……適量

作り方

1 ミニトマトは上部に3本切り込みを入れ、スプーンで種を取る。

2 ┃の切り込み部分に、常温でやわらかくしたクリームチーズを詰める。

2

トマトきゅうり

材料（3個分）
ミニトマト……3個
きゅうり……2cm

作り方

1 きゅうりはスライサーで切る。ミニトマトは半分に切る。

2 半分に切ったトマトに、スライスしたきゅうりをランダムに並べ、もう半分のトマトで挟む。

トマトカップ

大きめのトマトを選ぶとやりやすい！

材料（2個分）
ミニトマト……2個
ツナ缶……7g
マヨネーズ……適量
あられ……適量

作り方

1 ミニトマトはヘタの部分を下にして、上から1/4を切る。中をスプーンでくり抜く。（誤飲などが心配な場合は切り込みを入れる）

2 ツナ缶は汁気を切り、マヨネーズで和える。┃にツナを入れて、あられをちらす。好みのピックで飾ってもかわいい。

パプリカミート

パプリカ

材料（2個分）
冷凍の肉団子……2個
パプリカ……1/3個

作り方

1 パプリカは肉団子の大きさに合わせて切り、電子レンジ（600W）で40秒加熱する。

2 解凍した肉団子に 1 のパプリカを巻きつけてピックでとめる。
（食べる時は必ずピックを抜く）

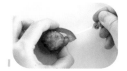

型で抜いた
チーズを飾っても◎

パプリカボール

材料（3個分）
パプリカ……赤・黄・オレンジ
各1/4個（6g）
クリームチーズ……30g
ミントなど緑の葉……適量
プリッツ……適量

作り方

1 パプリカはみじん切りにする。

2 クリームチーズは10gずつラップに包んで3つに丸め、それぞれに 1 をつける。

3 2 にプリッツを刺し、ミントなどの葉を飾る。

うずらパプリカ

白身がはみ出たら、
焼けたあとにカットして

材料（3個分）
うずらの卵……3個
パプリカまたはピーマン
……1/3個

作り方

1 パプリカかピーマンは7mm幅の輪切りにし、3つ用意する。

2 フライパンに薄く油を熱し、1 を置いてうずらの卵を割り入れる。フタをして弱火で2分おく。

黄の野菜 <おいしそうな色味で食欲UP

お花ベーコン

コーン

巻き終わりをつまようじでとめてから焼いてもOK

材料（2本分）
ベーコン……1枚
ヤングコーン（水煮）……1本
いんげん……2本
ケチャップ……適量

作り方

1 ベーコンに、ゆでたいんげん2本、ヤングコーンの順にのせて端から巻く。

2 フライパンに油を熱し、②の巻き終わりを下にして焼く。半分に切り、コーンの真ん中にケチャップをのせる。

ヤングコーンお花

材料（2個分）
ちくわ……1/2本
ヤングコーン……2本
さやえんどう……1枚

作り方

1 ちくわは半分に切る。さやえんどうはゆでて開いて先端を細く切る。コーンは先端から3cmほど切る（残りはそのままお弁当箱にインしても）。

2 ①のちくわにコーンを入れ、切ったさやえんどうを差し込む。

ブーケコーン

材料（1個分）
ハム……1/2枚
コーン……大さじ1
A マヨネーズ……小さじ1/2
　　めんつゆ……小さじ1/3
お好みで乾燥パセリ

作り方

1 コーンに**A**を加えて混ぜる。キッチンペーパーで水気を軽く拭き取る。

2 ハムは端から巻いてピックでとめ、①のコーンを入れる。好みで乾燥パセリをちらす。（食べる時は必ずピックを抜く）

じゃがいものレンジ加熱

材料
じゃがいも……適量

作り方

1 じゃがいもはひと口サイズに切る。

2 耐熱容器に**1**を入れて水で濡らして絞ったキッチンペーパーをかぶせ、ふんわりラップをして電子レンジ（600W）で加熱する。

じゃがいも

冷凍 2〜3週間

まん丸マッシュケーキ

材料（6個分）
じゃがいも……1個（130g）
バター……5g
牛乳……20ml
塩・こしょう……少々
赤ウインナー、ビアハム、
　ロースハム……適量
ミントや小松菜など
　緑の葉……適量

作り方

1 じゃがいもは電子レンジで3分加熱後つぶし、バターを加えて混ぜる。牛乳を少しずつ加えながら混ぜ、塩・こしょうで味をととのえる。

2 を6等分にし、ラップにのせて丸くする。

3 ビアハムは細く切って**2**に巻く。ロースハムは花型で抜くか切り、その上に先端を切ったウインナーをのせる。ミントの葉などを飾る。

じゃがもっち

冷凍 2〜3週間

具でお花模様にしてもかわいい！

材料（8個分）
じゃがいも……小2個（250g）
ハーフベーコン……1枚
枝豆……15g
コーン……大さじ2

A 片栗粉……大さじ1と1/2
　牛乳……大さじ2
　塩……少々
バター……5g

作り方

1 じゃがいもは電子レンジで5分加熱してからつぶし、**A**を加えてなめらかになるまで混ぜる。生地を2つに分ける。

2 **1**の1つにゆでた枝豆とコーン大さじ1、もう1つにカットしたベーコンとコーン大さじ1を入れて混ぜる。

3 それぞれを4等分して平らな円形、または好みの型で抜く。フライパンにバターを熱し、両面を軽く焼く。

スマイルポテト

冷凍 2〜3週間

型をつけたまま顔を抜くと崩れにくいよ

材料（直径5cmの型で8個分）
じゃがいも……2個（300g）
片栗粉……大さじ3

顆粒コンソメ……小さじ1
バター……10g
塩……少々

作り方

1 じゃがいもは電子レンジで5分加熱してからつぶし、ほかの材料をすべて入れてさらにつぶしながら混ぜる。

2 **1**をフリーザーバッグに入れるかラップで包み、上からめん棒でのばして1cmほどの厚さにする。冷蔵庫で15分ほど冷やす。

3 好みの型で抜き、ストローを指でつぶして楕円形にして目と口を抜く。

4 フライパンに油を170℃に熱し、きつね色になるまで揚げる。

くるくる大学芋

さつまいも

材料（大人2人分）
さつまいも……1本（200g）

A 砂糖、みりん……各大さじ2
しょうゆ……大さじ1/2

作り方

1 さつまいもは縦にスライスし、塩少々をふってよく揉み、1～2分おく。しっかり水洗いして水気をふき取る。

2 1を2枚重ねて端から巻き、つまようじでとめる。
（ここでピックは使わない）

3 フライパンに1cmくらいの油を入れて弱めの中火で熱し、1を入れてカラッとするまで揚げる。

4 別のフライパンにAを入れて少しとろみがつくまで加熱し、つまようじを取った3に絡める。

冷凍 2～3週間

型抜きいも＆にんじん

材料（10個分）
さつまいも……5cm
にんじん……5cm

A 水……200ml
砂糖……大さじ1
白だし……小さじ2と1/2

作り方

1 さつまいも、にんじんは1cm幅に切る。

2 鍋にAを入れて熱し、煮立ったら1を入れて10分煮る。粗熱がとれるまでおく。

3 それぞれを断面より小さな型で抜き、中身を入れ替える。

冷凍 2～3週間

マッシュで栗

余った分は
そのまま食べられるよ

材料（4個分）
さつまいも……1/2本（100g）
はちみつ……小さじ1/2

牛乳……20g
白ごま、のり、あられ……適量

作り方

1 さつまいもは皮をむき、ひと口大に切って5分水にさらす。水気を切ってから耐熱容器に入れ、ふんわりラップをして電子レンジ（600W）で2分30秒～3分加熱する。軽くつぶしたらはちみつと牛乳を加え、さらにつぶしながら混ぜ合わせる。

2 粗熱がとれたら4等分にし、ラップで包んで三角形にする。下部にごまをつけ、目と口はのりをパンチで抜く。ほっぺはあられをつける。

かぼちゃサラダ

かぼちゃ

残ったら夕飯の献立に◎

材料（2人分）
かぼちゃ……1/8個（200g）
きゅうり……スライス適量
ハム……2枚

A マヨネーズ……大さじ1
　ギリシャヨーグルト……大さじ1
　塩・こしょう……少々

作り方

1　かぼちゃは種とワタ、皮を取り、ひと口大に切る。耐熱容器に入れてふんわりラップをし、電子レンジ（600W）で3分加熱してつぶす。

2　ハムは飾り用に好みの型で抜き、よけておく。残りのハムは小さく切る。1の粗熱がとれたら小さく切ったハムと**A**を加えて混ぜ、丸くする。

3　きゅうりは縦にスライスし、2のかぼちゃに巻きつける。型抜きしたハムを飾る。

ピックをつけるとアクセントに

冷凍 2〜3週間

かぼ茶巾

材料（8個分）
かぼちゃ……1/8個（200g）
バター……5g
牛乳……小さじ1

A マヨネーズ……小さじ1
　塩……少々
クリームチーズ……8個（16g）

作り方

1　かぼちゃは種とワタ、皮を取り、ひと口大に切る。耐熱容器に入れてふんわりラップをし、電子レンジ（600W）で3分加熱してつぶす。

2　熱いうちにバターを加え、混ぜ合わせる。牛乳を入れて混ぜたら、**A**を追加して混ぜ、冷蔵庫でしっかりと冷やす。

3　2を8等分にし、中にクリームチーズを入れてラップで丸める。

かぼ茶巾と半分ずつ作ってもいいね

冷凍 2〜3週間

かぼ団子

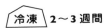

材料（16個分）
※「かぼ茶巾」と同じ
（クリームチーズは除く）

薄力粉……適量
お好みでパセリ

作り方

1　上記「かぼ茶巾」の1と2まで作る。

2　冷蔵庫で冷やしたあと小さく丸めて、薄力粉を薄くつける。フライパンに油を熱し、焼き色がつくまで焼く。好みでピックで刺し、パセリを飾る。

白・茶・黒の野菜 色のバランスで引き締め効果

ハート・花れんこん

れんこん

材料（15個分）
れんこん……7.5cm

お好みで、さくら漬けの素
または紅しょうがの汁……100g

作り方

1 れんこんは皮をむいて5mm幅に切り、酢水（分量外）に漬けて5分おいたら取り出す。

2 鍋にたっぷりの水を入れて塩を少々加え、沸騰したら **1** を入れて1分ほどゆでて水気を切る。

3 〔ハート〕**2** のれんこんをハート型で抜くか切る。

4 〔花〕**2** のれんこんの縁の、穴と穴の間を型で抜くか切る。最後に包丁で角を丸くする。

5 好みで、さくら漬けの素に **3** と **4** を5分漬けて濃いピンク色に、紅しょうがの汁に1時間漬けて薄いピンク色にする。

型抜きしいたけ

しいたけ

材料（2個分）
しいたけ……2個

マヨネーズ……適量
ピザ用チーズ……適量

作り方

1 しいたけは軸を除き、好みの型を押す。包丁の先を使って、型の跡がついたところをはがす。

2 かさの裏側にマヨネーズとチーズをのせ、トースターで5分焼く。

なすバーグ

なす

材料（2本分）

なす……2本（230g）

豚ひき肉……150g

長ネギ……19cm（20g）

A 片栗粉……小さじ2

酒……小さじ1

しょうがチューブ……2cm

片栗粉……大さじ1と1/2

B 酒、しょうゆ、みりん
……各大さじ1と1/2

砂糖……大さじ1

酒……大さじ1/2

水……大さじ1

作り方

1 なすはヘタを取り、上2cmくらいを残して十字に切り込みを入れる。片栗粉を切り込みまでしっかりまぶす。

2 ボウルにひき肉と、みじん切りにした長ネギ、**A**を入れてよく混ぜ、**1**の切り込みに挟む。

3 フライパンに油を中火で熱し、**2**を入れて焼き色がつくまで焼く。弱火にしてフタをし、肉に火が通るまで10分ほど蒸し焼きにする。

4 キッチンペーパーで余分な油をふき取り、**B**を加えて絡める。取り出して食べやすい大きさに切る。

なすピザ

レンジ＆トースター
調理でラクラク

材料（8〜10個分）

なす……2本

A 砂糖、みそ、みりん、
白すりごま……各大さじ1

A しょうがチューブ……1cm

ピザ用チーズ、ミックスベジ
タブル……適量

作り方

1 なすは1.5cm幅に輪切りにし、上になる部分に格子状に切り込みを入れる。耐熱容器に並べてふんわりラップをし、電子レンジ（600W）で3分30秒加熱する。

2 **1**に合わせた**A**を塗り、チーズをのせてミックスベジタブルで花模様に飾る。

3 バットにアルミホイルを敷き、**2**を並べてトースターで4〜5分焼く。

黒白ごま団子

ごま

冷凍 2〜3週間

たくさん作って
冷凍しておくとラク

材料（9〜10個分）

さつまいも……1個（200g）

A 片栗粉……大さじ1

砂糖……大さじ1〜2

牛乳……大さじ3〜4

黒ごま・白ごま……適量

B 小麦粉……大さじ3

水……大さじ2

作り方

1 さつまいもは皮をむき、ひと口大に切って水に5分さらす。水気を切ってから耐熱容器に入れ、ふんわりラップをして電子レンジ（600W）で4分〜4分30秒加熱する。

2 **1**をつぶし、**A**を加えて混ぜる。9〜10等分にして丸め、合わせた**B**を表面に塗ってごまをまぶす。

3 フライパンに1cmほどの油を熱し、**2**を入れて転がしながら揚げる。（揚げるときはピックは使わない）

のりチーズくるくる

のり

巻き終わりを
ピックでとめても

材料（4個分）

のり（全型）……1/4枚

スライスチーズ……1枚

作り方

1　のりの上にチーズをのせ、はみ出した分のチーズは切る。

2　電子レンジ（600W）で5秒加熱する。ラップの上に置いて端から
くるくると巻き、粗熱がとれたら4等分にする。

ミニのり巻き風

材料（4個分）

ちくわ……1本

きゅうり……10cm

のり……10×7.5cm

マヨネーズ……適量

作り方

1　きゅうりはちくわの長さに合わせて切り、さらに縦に4等分にし
て、1つをちくわの穴に入れる。

2　のりにマヨネーズを塗り、1に巻いてからラップで包んでなじま
せる。なじんだら4つに切る。

お弁当にうれしい！マドレーヌ

マドレーヌ型で7個、
魚型で5個できるよ

材料（12個分）

卵……1個

グラニュー糖……45g

A バター……50g

　はちみつ
　……大さじ1/2

　牛乳……大さじ1

B 薄力粉……50g

　ベーキングパウダー……小さじ1/3

ホワイトチョコレート……50g

チェリー……4個

作り方

1　ボウルに**A**を入れて湯せんにかける。

2　別のボウルに卵を入れて泡立て器で混ぜたら、
グラニュー糖を加えて混ぜ、さらにふるっておい
た**B**を加えて混ぜる。

3　2に1を少しずつ加え、泡立て器ですり混ぜるよ
うに円を描きながらよく混ぜ、冷蔵庫で30分〜
1時間休ませる。

4　型にバター（分量外）を塗って8分目まで生地を入
れ、180℃に予熱したオーブンで焼く。魚型は
8〜10分、マドレーヌ型は12分焼き、型から外
して網の上で冷ます。

5　チョコレートを湯せんで溶かし、マドレーヌにつ
けて乾かす。チェリーは半分に切ってチョコでつ
ける。残ったチョコをコルネ（→P15参照）に入れ
て魚の模様を描く。

＼ 旬や季節を楽しむ！ ／

イベント
のお弁当

ワクワクする時期や、特別な日に食べたいユニークなお弁当。
テーマに合わせたおかずにチャレンジしよう。

この Part で作るおかずのお約束

✓ おにぎりを作るときは、温かいごはんを使い、できるだけラップを使用することをおすすめします。

✓ 卵1個で作る卵焼きは、1個用卵焼き器で作る場合の分量です。普通サイズの卵焼き器で作る場合は、材料の分量は倍にしてください。

✓ ウインナーなど加工食品の加熱や保存方法については、商品に記載された方法・期間に従って、調理・保存してください。

✓ 適当な抜き型がない場合は、調理用のカッターナイフや包丁などでカットしてください。ストロー、カップや皿のふちなども代用できます。

✓ のりやハム、チーズなどをおかずにのせるときは、マヨネーズや油などをつけてから飾ってください。

✓ おかずを固定するのに使う乾燥パスタは、早ゆで用の細いものだと短時間でやわらかくなります。

お誕生日 キミが主役♪の特別な日に

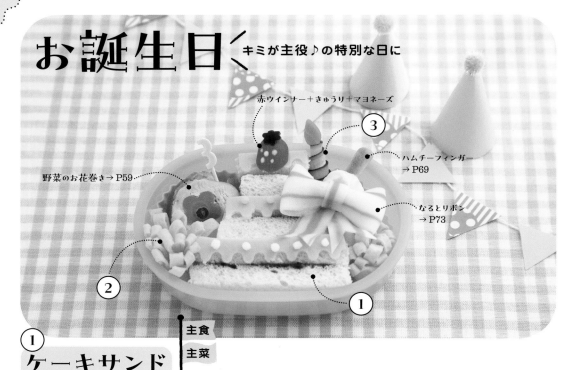

野菜のお花巻き→P59

赤ウインナー＋きゅうり＋マヨネーズ

③

ハムチーフィンガー →P69

なるとリボン →P73

② ①

---

① ケーキサンド

主食
主菜

材料（1人分）
食パン（8枚切り）……2枚
お好みの具やジャム……適量
ハム……1/2枚
あられ……適量

作り方

1 お弁当箱に合わせて食パンを大・中・小の四角形に2枚ずつ切る。

2 1にジャムや好みの具を挟み、断面が見えるようにお弁当箱に重ねて詰める。

3 ハムはふちを波形に切るかカッターを使ってカットし、パンにのせてあられを飾る。

---

② フリフリ卵焼き

主菜

冷蔵 2〜3日　冷凍 2〜3週間　前日OK!

材料
卵……1個
A 砂糖……小さじ1
　酒……小さじ1/2
　塩……少々

作り方

1 卵は割りほぐしてAを混ぜる。フライパンに油を熱し、卵液を流し入れて薄焼き卵を作る。

2 両面に火が通ったら取り出し、8×8.5cmの大きさに切って2つ折りにする。

3 輪になったほうに5mm幅の切り込みを入れ、端からくるくると巻いて、ピックやパスタで固定する。

---

③ きゅうりのキャンドル

副菜

材料（1個分）
きゅうり……縦に
　スライス1枚
にんじん……1cm
乾燥パスタ

作り方

1 スライサーやピーラーできゅうりを縦にスライスし、端からずらしながら巻く。

2 にんじんはゆでてしずく形に型で抜くか切り、パスタを刺してきゅうりにはめる。

節分

オニは外〜
フクは内〜

主菜

① カミナリ模様の卵焼き

材料〔1個用卵焼き器の場合〕

卵……1個

A 砂糖……大さじ1/2

　マヨネーズ……少々

　塩……少々

のり……適量

> 普通の卵焼き器の場合は倍量にしてね

作り方

1 卵は割りほぐして**A**を混ぜる。1個用卵焼き器に油を熱し、卵焼きを作る。

2 1をラップで包み形を丸く整え、粗熱がとれたら適当な大きさに切る。

3 のりは太鼓の模様（三つ巴紋）に切って、2の上にのせる。

作り方

1 温かいごはん90gにデコふりを加えて混ぜる。

2 ラップの上に1を置いて、その上からラップをかぶせ、めん棒で14×11cmの大きさにのばす。真ん中あたりを2か所丸型で抜き、抜いた穴に白いごはん（分量外）を詰める。ラップをかぶせてのばし、なじませる。

3 巻きすの上に、ラップをつけたまま2をきれいな面が表になるようにして置く。のりはごはんと同じ大きさに切り、のせる。

主食
主菜
副菜

② 鬼さんのデコロール巻き

材料（14×11cm程度1本分）

ごはん……150g	卵……1個
デコふり（ピンク）……小さじ1	A 塩……少々
フリルレタス……1枚	砂糖……小さじ1
きゅうり……14cm	酒……小さじ1/2
カニカマ……1本	のり（全型）……1枚
ツナ缶……5g	サブキャラフル 　……花4個・星2個
マヨネーズ……小さじ1/3	いんげん、のり、あられ……適量

4 その上から、残りのごはん60gをのせて平らにし、巻きやすい大きさにちぎったレタス、縦に1/4に切ったきゅうり、縦半分にしたあとのりの幅に切ったカニカマ、マヨネーズを混ぜたツナをのせる。

5 端からきつく巻く。巻きすだけを外し、冷蔵庫で10分ほど休ませる。

6 卵は割りほぐして**A**を混ぜる。フライパンに油を熱し、卵液を流し入れて薄焼き卵を作る。

7 6をお花の型で抜き、5の白いごはんの上のほうにのせる。星のサブキャラフルを三角に切って差し込み、鬼の帽子にする。3で残ったのりはパンチで抜き、まゆと目、口にする。ほっぺはあられ。

8 さらに残ったのりは細長く切り、ランダムに飾る。サブキャラフルのお花と、ゆでたいんげんを輪切りにしてのせる。食べるときは適当な大きさに切ってね。

お花見 〈花も団子もめしあがれ〜♪

① ② ⑤ ④ ③

ゆでブロッコリー

ミニトマト

にんじんお花巻き
→P58

ハムチーフィンガー
→P69

お花ベーコン
→P86

① カップでお花ちらし寿司

材料(4カップ分)

ごはん……370g

ちらし寿司の素……55g

ハム……2〜3枚

ミニトマト……4〜5個

きゅうり……1/2本(75g)

さやえんどう……1本

チェダーチーズ、スライスチーズ……適量

作り方

1 ごはんにちらし寿司の素を入れて混ぜる。

2 さやえんどうはゆでて細切りにし、きゅうりとミニトマトは薄い輪切りにする。

3 ハムはお花の型で抜き、チーズは小さい丸型で抜いてのせる。1をカップに入れて2と共に飾る。

② みつばちの卵焼き

主菜

材料(6切れ分)

卵……3個

A 酒、砂糖……各大さじ1

　白だし……小さじ1

A 塩……少々

のり(全型)……1/4枚

スライスチーズ……1枚

あられ……12粒

作り方

1 卵を割りほぐしてAを混ぜる。卵焼き器に油を熱し、卵焼きを作る。巻きすにのせて巻き、形を整える。粗熱がとれたら6等分にする。

2 のりは5mm幅に切り、1の断面につける。残ったのりはパンチで抜き、目と口にする。

3 チーズはハート型で抜くか、つまようじでなぞって切り、羽にする。ほっぺはあられ。

⑤ スノーボールクッキー

デザート

作り方

1 Aは合わせておき、Bは合わせてふるっておく。ボウルに常温に戻したバターを入れ、なめらかになるまで木べらで練り混ぜる。

2 1にAを加えて混ぜ、バニラエッセンス、アーモンドパウダー、Bの順に加えて混ぜる。

③ リボンぎょうざ

主菜

材料(8個分)

しゅうまいの皮……8枚

キャンディーチーズ……8個

ピアハム……1〜2枚

A 薄力粉……小さじ1

　水……小さじ

作り方

1 しゅうまいの皮の中心に型抜きしたハムを置き、上にチーズをのせる。

2 キャンディーのように包み、巻き終わりに、混ぜたAを塗る。170℃に熱した油でカラッとするまで揚げる。

④ ちょうちょプレッツェル

材料(8個分)

プレッツェル……8個

プリッツ……2本

チョコペン(ピンク・黄緑)……各1本

デザート

作り方

1 クッキングシートの上にプレッツェルを置き、穴にチョコペンのチョコを流し込む。冷凍庫に入れて固める。

2 クッキングシートの上にチョコを少したらし、1を2個ずつ斜めにのせて固める。

3 2の真ん中にチョコをたらし、ちょうちょの大きさに合わせて折ったプリッツをのせて固定する。

材料(22個分)

バター……60g

A 粉糖……15g

　塩……少々

バニラエッセンス……1滴

アーモンドパウダー……30g

B 薄力粉……55g

　コーンスターチ……20g

[仕上げ用]

粉糖……90g

いちごパウダー……3g

抹茶パウダー……1g

3 2を2cm程度に丸め、シートを敷いた天板に並べる。170℃に予熱したオーブンで18分焼く。焼きあがったらオーブンから出し、粗熱をとる。

4 ポリ袋を3つ用意し、粉糖30g、粉糖30g＋いちごパウダー、粉糖30g＋抹茶パウダーをそれぞれに入れる。3をそれぞれに入れて、まぶす。

桃の節句

ペアのクマさんで愛らしく

型抜きしいたけ
→ P90

ブロッコリー
ブーケ→ P79

① ②

主食
主菜

① お雛さまおにぎり

材料（2個分）

ごはん……100g

卵……1個

A 塩……少々

　砂糖……小さじ1

　酒……小さじ1/2

きゅうり……1本分の長さのスライス1枚

ハム……1/2枚

乾燥パスタ……2本

かまぼこ……2切れ

あられ……2粒

のり……適量

作り方

1 ごはんは2等分にし、三角形に握る。

2 卵は割りほぐして**A**を混ぜる。フライパンに油を熱し、卵液を流し入れて薄焼き卵を作る。粗熱がとれたら半分に切る。

3 〔男雛〕きゅうりは縦にスライスして水気をふき、おにぎりに巻いたあと **2** を1枚巻く。余分なところは切り取る。

② 桃の花ソーセージ

主菜

材料（3切れ分）

お魚ソーセージ……1.5cm

作り方

1 ソーセージは3つに輪切りにする。

2 **1** を花型で抜いたあと、ストローを手で軽くつぶして楕円形にし、真ん中を2か所抜く。

4 〔女雛〕ハムを半分に切り、おにぎりに巻いたあと、同様に **2** を1枚巻く。余分なところは切り取る。

5 かまぼこは丸型で抜くか切り、**3** と **4** にパスタでとめて耳にする。目と鼻はのりをパンチで抜く。ほっぺはあられ。

3　　　　　4

端午の節句

鯉のぼりで
いっぱい！

① まんまるエビフライ

材料（2個分）
エビ……2尾
ベビーチーズ……1/2個
A 薄力粉……大さじ2
　　水……大さじ2
パン粉……適量
スライスチーズ、のり……適量
あられ……2粒

主菜

作り方

1 エビは殻をむき、背ワタを取り除く。腹に縦に1本切り込みを入れて開く。

2 ベビーチーズは2等分にする。

3 1を広げて2を1つずつのせ、くるんと巻く。

4 混ぜた**A**に3をくぐらせたあと、パン粉をまぶし、つまようじで固定する。

5 170℃に熱した油で、4をきつね色になるまで揚げる。

6 スライスチーズは丸く抜いて白目に、のりはパンチで抜いて黒目にする。ほっぺはあられ。

ゆでブロッコリー

ゆでアスパラ・にんじん

① ②

にんじんお花巻き
→ P58

もよう焼き
→ P75

② 鯉のぼり卵

主菜

普通の卵焼き器の
場合は倍量にしてね

材料［1個用卵焼き器の場合］
卵……1個
A 砂糖……大さじ1/2
　　マヨネーズ……少々
　　塩……少々
ハム……1/2枚
スライスチーズ……1/4枚
のり……適量

作り方

1 卵は割りほぐして**A**を混ぜて卵焼きを作り、巻きすで長方形に整える。

2 粗熱がとれたら適当な大きさに切り、しっぽの部分を包丁でV字形に切り取る。

3 ハムは丸型で抜き、さらに半分に切ってうろこにする。チーズは丸型で抜き、のりはパンチで抜いて目にする。ほっぺはあられ。すべて卵焼きにのせる。

ピクニック お外でワイワイ食べやすい

かまぼこお花

ナゲットはりねずみ
→P65

ちくわ
カラフル巻き
→P60

しましまハムカツ
→P62

① ② ③ ④

① オープンいなりパンダ・お花いなり・スティックパンダ

材料（6個分）
ごはん……375g
油揚げ……3枚
A 水……100ml
　砂糖……大さじ3
　酒、しょうゆ……各大さじ2
A みりん……大さじ1
スライスチーズ……1/2枚
黒豆……12粒
きゅうり、のり、ハム、あられ……適量
乾燥パスタ

作り方

1 油揚げは半分に切り、熱湯をかけて油抜きをする。耐熱容器に**A**を入れて混ぜ、電子レンジ（600W）で1分加熱したあと、油抜きした油揚げを入れて上から押さえ、汁に浸す。ラップをせずにレンジで3分30秒加熱し、上下を返して粗熱をとる。

2 〔オープンいなりパンダ2個〕 1の2つにごはん55gを詰め、油揚げのふちを内側に折りたたむ。のりを細長く切って真ん中にのせて、パンチで抜いて顔を作る。黒豆は耳を横半分に、手足を縦半分に切り、パスタでとめる。ほっぺはあられ。

3 〔スティックパンダ3個〕 1の3つを開き、スティック状に握ったごはん70gに巻きつける。耳は黒豆をパスタでとめる。顔と手はのりをパンチで抜く。ほっぺはあられ。輪切りにしたきゅうりを星型で抜いて飾る。

4 〔お花いなり1個〕 1の1つにごはん55gを詰めて閉じる。チーズは花型で抜き、ハムは丸型で抜いてチーズの上にのせる。

③ ミニトマトとオリーブのてんとう虫

材料（6個分）
ミニトマト……3個
オリーブ……3個
のり……少々
乾燥パスタ

作り方

1 ミニトマトは半分に切る。オリーブは先端を切り、トマトにパスタでとめる。

2 のりはパンチで丸く抜いて、1につける。

④ ドーナツポップ

作り方

1 ボウルに**A**を入れて混ぜ、生地を2つに分ける。1つにココアパウダーを加えて混ぜる。

2 1を3cmほどに丸め、170℃に熱した油で3～4分揚げ、油を切る。

3 チョコは人肌の湯（40℃くらい）で湯せんして溶かし、2につけて好みで飾る。砂糖、きな粉と砂糖（1:1で混ぜたもの）をポリ袋に入れ、それぞれ2が温かいうちにまぶす。

材料（18個分）
A ホットケーキミックス……200g

② お花のスパニッシュオムレツ

材料（約20cm×13.8cmの耐熱容器）
ウインナー……3本
玉ねぎ……1/4個（50g）
ミニトマト……4個
冷凍枝豆……16個
A 卵……3個
　牛乳……大さじ1
　塩・こしょう……少々

作り方

1 ウインナーは1cm幅の半月切りにし、玉ねぎはみじん切りにする。

2 フライパンにオリーブオイルを中火で熱し、1の玉ねぎを炒める。しんなりしてきたらウインナーを加え、軽く火を通す。

3 ボウルに**A**を入れて混ぜ、2を加えて軽く混ぜる。

4 耐熱容器にクッキングシートを敷き、3を流し込む。200℃に予熱したオーブンに入れ、3分ほど焼いたら一旦取り出し、半分に切ったミニトマトと、枝豆をお花のように並べる。

5 再度オーブンに入れ、中に火が通るまで7分焼く。

6 冷めたら容器から取り出し、8つに切る。

A 牛乳……45g
　卵……1個
ココアパウダー……小さじ1
ミルクチョコレート、ホワイトチョコレート……各30g
きな粉、砂糖……適量

手に水を塗ると丸めやすいよ

食べやすいサイズに握って
遠足

4 → ミニトマト

2

1

3 → ゆでブロッコリー

ゆでアスパラ

ロケット
ウインナー
→P66

① パンダおにぎり　主食

材料（2個分）
ごはん……120g
かまぼこ（白）……1切れ
のり（全型）……1/4枚
あられ……4粒
乾燥パスタ

作り方

1 ごはんは2等分にし、三角形に握る。

2 手と足はしずく形にのりを切り、1につける。耳はかまぼこを型で抜いてパスタでとめ、小さく切ったのりをのせる。顔はパンチで抜いたのり。ほっぺはあられ。

② ちくわリング　主菜

材料（4個分）
ちくわ……1本
A 小麦粉……大さじ1
　水……大さじ1
　青のり……少々
パン粉……適量
乾燥パスタ

作り方

1 ちくわは縦に4等分し、端と端をパスタでとめる。

2 Aを混ぜ合わせ、1につけてパン粉をまぶす。10分ほどおく。

3 フライパンに深さ1cmほど油を入れ180℃に熱し、2を両面がこんがりするまで揚げ焼きにする。

③ 卵枝豆サンド　主菜　副菜

材料[1個用卵焼き器の場合]
卵……1個
A 砂糖……大さじ1/2
A マヨネーズ……少々
　塩……少々
冷凍枝豆……適量

作り方

1 卵を割りほぐしてAを混ぜて卵焼きを作る（→P54）。粗熱がとれたら厚めに切り、真ん中に切り込みを入れて解凍した枝豆を挟む。

④ 型抜きりんご　デザート

作り方

1 りんごは2等分にしてくし形切りにし、さらに横半分に切って、皮の上に型を押し当てる。

2 型の跡のまわりの皮を包丁でむき、全体の形を整える。

材料（4個分）
りんご……1/4個

Point
砂糖水にりんごを入れると、変色防止になり、りんごも甘くなるよ。

星型で夜空をイメージ
七夕

① 天の川ごはん

主食　主菜

材料（子ども1人分）

ごはん……105g

卵……1個

A 砂糖……小さじ1

　みりん……小さじ1と1/2

　塩……少々

アスパラガス……1本

のり（4×3.5cm）……4枚

サブキャラフル……花3個・星2個

あられ……4粒

作り方

1 卵は割りほぐしてAを混ぜる。フライパンに油を熱し、卵液を薄く流し入れてかき混ぜ、炒り卵を作る。

2 〔織姫と彦星〕ごはん40gを2等分にし丸く握る。のりは左右に2枚を斜めに重ね合わせてつけ、ラップで包んでなじませる。目と口はパンチで抜いたのり、ほっぺはあられ。おでこにサブキャラフルの星を飾る。

3 お弁当箱にごはん65gを薄めに詰め、炒り卵を左側にのせる。右側に2をのせる。

4 炒り卵の上に、ゆでたアスパラ、あられ、サブキャラフルの花を飾る。

アスパラお花
→ P78

ギザギザカップ
→ P56

② ①

② お星さまピザ

主食

材料（8〜9個分）

冷凍パイシート……1枚

A コーン……30g

　マヨネーズ
　　……小さじ1と1/2

塩・こしょう……少々

ピザ用チーズ……適量

作り方

1 解凍したパイシートを20×20cmにのばし、星型で抜いて、フォークで数か所に穴を開ける。

2 天板にクッキングシートを敷いて1を並べ、200℃に予熱したオーブンで7分焼く。

3 一旦取り出し、中心をスプーンでくぼませ、混ぜ合わせたAをのせて塩・こしょうをふる。

4 最後にチーズをのせ、200℃のオーブンで5分、チーズが溶けるまで焼く。

Point

焼くと縮むので、大きめの型で抜くといいよ。

運動会

モリモリおかずで元気いっぱい

スマイルポテト
→ P87

にんじんのおうち
→ P83

ミニ
のり巻き風
→ P92

野菜のお花巻き
→ P59

スイカ
→ P80

フルーツボンボン
→ P77

① クマ・カリカリ梅・スパムおにぎり

🚩 主食

材料（9個分）

ごはん……495g

のり（全型）……1枚

〔クマまおにぎり〕

ミニウインナー……3本

ハム……2枚

カニカマ……1本

A かつお節……小さじ6

　塩……小さじ3/4

カリカリ梅……小さめ3〜4個

スパム……1.5cm

スライスチーズ……3枚

お魚ソーセージ……適量

乾燥パスタ

作り方

1. ごはんは55gずつ6個丸く握る。残りのごはんに**A**を混ぜて3等分にし、丸く握る（クマおにぎりに使う）。

2. 〔クマ3個〕ウインナーは1cm幅に切り、下のほうを少し切って耳にし、1の3つにパスタでとめる。目と鼻はのりをパンチで抜き、鼻まわりはチーズを丸型で抜く。ほっぺはお魚ソーセージを丸型で抜く。

3. ハムは大きめの丸型で抜いて蛇腹折りにし、残りのハムを細長く切ってリボンの中心に巻きつける。パスタでとめる。

4. カニカマは細くさいてはちまきにする。

5. 〔カリカリ梅3個〕のりは全型1/2枚を3等分にし、3つのおにぎりの半分に巻きつけてラップでなじませる。カリカリ梅はそぎ切りにしてごはんにのせる。

6. 〔スパムおにぎり3個〕スパムは5mm幅に切り、直径5cmの丸型で抜いてフライパンで両面を焼く。粗熱がとれたら3つのおにぎりにのせ、小さな丸型で抜いたチーズものせる。10×1cmに切ったのりで巻く。

② お花の卵焼き

材料（6個分）

お魚ソーセージ……1本

卵……3個

万能ネギ……10cm（6g）

A 粉チーズ……小さじ1と1/2

　しょうゆ……小さじ1/2

　塩、こしょう……各少々

🚩 主菜

作り方

1. ソーセージは、卵焼き器の幅と同じ長さに切る。型が抜ける程度の厚さに切り、丸型で抜く。

2. ネギは小口切りにする。卵は割りほぐし、ネギと**A**を入れて混ぜる。

> 13mmの型で抜いたよ

3. 卵焼き器に1/3量の2を流し入れて弱火で焼く。半熟状になったらソーセージを並べて奥から手前に巻き、奥にずらす。同様に数回繰り返し、中まで火を通したら取り出す。

4. ラップの上に5本の串を均等に並べたら、さらにラップをのせて卵焼きを真ん中にのせて巻く。竹串を輪ゴムで固定する。

③ チーズパイナップル

🚩 主菜

材料（6個分）

冷凍の肉団子……6個

チェダーチーズ……3枚

作り方

1. チーズはそれぞれ5mm幅に6本カットし、ラップの上に写真のように格子状に編んでのせる。

2. 1の上に加熱した肉団子をのせ、ラップで包む。ラップを取ってピックを刺す。これをあと5個分繰り返す。

> **Point**
>
> チーズはしっかり冷やしておくと、やりやすいよ。

お弁当

和と洋のおばけを
ミックス

ハロウィン

ゆでブロッコリー　　　　　　2種のおばけ→P57

① かぼちゃおばけの クリームサンド

材料（2本分）

食パン（8枚切り）……2枚

かぼちゃ……150g

A バター……10g

　　砂糖……小さじ2

チョコペン……適量

主食

作り方

1　かぼちゃは種とワタ、皮を取ってひと口大に切る。耐熱容器に入れてふんわりラップをし、電子レンジ（600W）で3分加熱する。

2　フォークでつぶしながら**A**を加え、混ぜる。

3　食パンは耳を切る。レンジで10秒加熱してから、2をパンの端まで塗って丸めるように挟む。

4　ラップで包み、冷蔵庫で10〜15分ほど冷やしたあと4つに切る。チョコペンで断面に顔を描く。

③ ミイラ生春巻き

材料（5個分）

ライスペーパー……5枚

ビアハム……2と1/2枚

きゅうり……1/2本（50g）

レタス……小さめの葉2枚

カニカマ……4本

A ケチャップ、マーマレードジャム
　　……各大さじ1

スライスチーズ、のり……各適量

副菜

② おばけバーグ

主菜

冷蔵 2〜3日

冷凍 2〜3週間

材料（8個分）

合いびき肉……250g

玉ねぎ……1/4個（40g）

スライスチーズ……1/4枚

ハム……少々

A 卵……1個

　　小麦粉……大さじ2

　　塩・こしょう……各少々

B 焼肉のたれ……大さじ3

　　ケチャップ……大さじ2

　　水……大さじ2

　　酒……大さじ1

作り方

1　玉ねぎはみじん切りにしてボウルに入れ、合いびき肉と、合わせた**A**を入れてよく混ぜる。8等分にして丸くこねる。

2　フライパンにオリーブオイル（分量外／大さじ1）を熱し、1を並べて、強めの中火で焼き色がつくまで焼く。両面が焼けたら酒を加えてフタをし、弱火で3分ほど蒸し焼きにしてから取り出す。

3　フライパンの余分な油をふき取り、**B**を加えて煮絡める。

4　2に3を塗る。チーズはおばけ型で抜き、目に見立てて丸型で穴を開け、のせる。舌の形に切ったハムものせる。

作り方

1　ビアハムは5mm幅に切る。きゅうり、レタスは同じ長さの千切りにする。カニカマはさく。

2　水で戻したライスペーパーを広げ、1のビアハムをミイラの包帯に見立てて並べる。

3　2に、1のきゅうり、レタス、カニカマ、合わせた**A**をのせて巻く。余分なライスペーパーはハサミで切る。チーズとのりは丸型で抜いて目にする。

クリスマス 〈 緑と赤をメインカラーにして

ツリー
→P79

ミニトマト

① 俵おにぎり 雪だるま
主食

材料（3個分）
ごはん……90g
カニカマ……3本
あられ、のり……各適量

作り方
1　ごはんは3等分にし、俵形に握る。

型を使うとキレイ

2　カニカマは開き、赤い部分を細長く切ってマフラーにする。目はのりをパンチで抜く。鼻とボタンはあられ。

2

② 6Pチーズサンタ
主菜

材料（1個分）
6ピースのプロセスチーズ……1個
カニカマ……1本
スライスチーズ、のり……適量

作り方
1　カニカマは開き、白と赤の境目の部分を6ピースのチーズに合うように三角に切って、チーズにのせる。

2　スライスチーズは花型で抜いてひげにし、さらにカニカマの赤い部分を小さな丸型で抜いてのせ、鼻にする。のりをパンチで抜いて目にする。

③ トナカイコロッケ
主菜

材料（1個分）
冷凍のクリームコロッケ……1個
赤ウインナー……1cm
スライスチーズ、のり……適量
乾燥パスタ、ピックまたは揚げパスタ

作り方
1　赤ウインナーは端を切り、解凍したコロッケの中心にパスタでとめて鼻にする。

2　チーズは丸型で抜いて白目にし、のりはパンチで抜いて黒目にする。

3　ピック、または揚げパスタを刺してツノにする。

お正月

かわいいものだらけのおせち料理

① ② ③ ④

黒豆ピック

お弁当にうれしい！
マドレーヌ→ P92

⑥

型抜きいも＆にんじん
→ P88

ちくわ＋
かまぼこ＋
枝豆

⑤

ミニトマト

花れんこん
→ P90

① 富士山と椿おにぎり 主食

材料（9個分）

ごはん……495g

卵……1個

A 塩……少々

　砂糖……小さじ1

　酒……小さじ1/2

のり（全型）……1/2枚

カリカリ梅……1.5個分

カニカマ……2本

大葉……1枚

かまぼこ……薄切り12枚

乾燥パスタ

作り方

1 ごはんは55gずつ9等分にし、丸く握る。

2 〔富士山おにぎり3個〕のりは9×6.5cmに2枚切り取り、端をギザギザに切り、下に直線の切り込みを入れて、おにぎり2個に巻く。ラップで包んでしばらくおく。

3 卵にAを混ぜて薄焼き卵を作り、9×6.5cmに切って2と同じように切って1個に巻く（→残りは5と7、②のマッシュ茶巾で使うよ）。カリカリ梅を半分に切り、種を取って、パスタでおにぎりに固定する。

4 〔カニカマ椿3個〕カニカマは開き、赤い部分と白い部分を3～4つずつ丸型で抜く。

5 3で作った薄焼き卵の残りを4より小さい丸型で3つ抜き、カニカマの上にのせる。大葉は葉っぱの形に切って飾る。

6 〔かまぼこ椿3個〕かまぼこは薄く切り、1つのおにぎりに4枚をのせて重ねる。

7 ラップで形を整えたあと、3で作った薄焼き卵を細かく切り、6の真ん中にのせる。

---

② マッシュ茶巾で3色椿 主食

材料（6個分）

じゃがいも……2個（300g）

A マヨネーズ……大さじ2

　牛乳……大さじ1

A 塩・こしょう……各少々

　紫芋パウダー……1gと1.4g

きゅうり……適量

作り方

1 じゃがいもは皮をむいてひと口大に切り、耐熱容器に入れる。水で濡らして絞ったキッチンペーパーをかぶせ、ラップをして電子レンジ（600W）で5分加熱し、つぶす。Aを加えて混ぜる。

2 1を3等分にし、1つはそのまま、1つに紫芋パウダー1g（ピンク色）、1つに紫芋パウダー1.4g（紫色）を入れる。それぞれ2つずつ、合計6個をラップで包んでキュッと絞り、真ん中をへこませる。

3 ①のおにぎりの3で作った薄焼き卵の残りを2×2.5cmの大きさに切り、2つ折りにして輪になったほうに細かく切り込みを入れる。くるんと巻いて、2のへこみに入れる。きゅうりは型で抜き、葉にして飾る。

---

③ お花の伊達巻き 主菜

材料

（直径4cm×9切れ分）

卵……3個

はんぺん……80g

A みりん……小さじ1

A 砂糖……大さじ1と1/2

　薄口しょうゆ……小さじ1/2

　塩……少々

作り方

1 卵、手でちぎったはんぺん、Aを入れてフードプロセッサーなどでなめらかにする。

2 フライパンに油を熱し、1を一気に流し込んで厚みを均等にする。フライパンの持ち手をトントンと上下に数回たたき、空気を抜く。

3 弱火にしてフタをし、表面が乾くまで15～17分ほど蒸し焼きにする。裏に返して弱火で1分焼いて取り出す。

4 ラップを広げ、竹串を14本のせ、さらにラップをかぶせる。

5 3の焼き面を下にして4にのせて巻く。竹串を等間隔に整えて輪ゴムでとめ、粗熱をとる。

④ ひよこ栗きんとん 副菜

材料（6個分）

さつまいも
……1本（190〜210g）

りんご
……1/2個（140g）

栗の甘露煮……6個

A 砂糖
……大さじ2

水……100ml

レモン汁……
小さじ1/2

チェダーチーズ
……1/4枚

のり……適量

作り方

1 りんごは皮をむいていちょう切りにする。鍋にりんごと**A**を入れ、中弱火でしんなりするまで煮詰める（煮汁が大さじ3〜4残るくらいまで）。

2 さつまいもは皮をむき、ひと口大の大きさに切って水に5分さらす。水気を切り、耐熱容器に入れてふんわりラップをし、電子レンジ（600W）で4分30秒加熱する。

3 2をマッシュ状につぶし、1を汁ごと加えてブレンダーなどでりんごのシャキシャキが少し残る程度までなめらかにする。

4 3を丸めて、上に栗の甘露煮をのせる。チーズを楕円型で抜いてくちばしに、のりをパンチで抜いて目にする。

⑤ ぶどうのごぼう巻き 主菜

材料（12本分）

薄切り豚もも肉
……12枚

ごぼう……1本（110g）

ごま油……大さじ1

薄力粉……大さじ1

A しょうゆ
……大さじ1と1/2

A 酒、みりん、水
……各大さじ1

砂糖……小さじ2

しょうがチューブ
……小さじ1/2

白ごま……大さじ1

ミントなどの葉……適量

揚げパスタ

作り方

1 ごぼうはよく洗って7cmの長さに切り、さらに縦に4等分にして角を丸くする。水に5分ほどさらして水気を切る。耐熱容器に入れてふんわりラップをして電子レンジ（600W）で2分加熱する。

2 豚肉を広げてごぼうを2本置き、その上に1本のせる。きつく巻いてから薄力粉をまぶす。

3 フライパンにごま油を中火で熱し、2の巻き終わりを下にして転がしながら焼く。焼き色がついたらフタして弱火で2〜3分熱し、**A**を加えて煮絡め白ごまをふる。

4 粗熱がとれたら半分に切る。断面に揚げパスタをのせ、横に小さく切ったミントなどの葉を飾る。

⑥ りんごだるま

デザート

材料（2個分）

りんご……1/4個

のり……適量

作り方

1 りんごは横半分に切って、芯と種を取り除き、砂糖水につけたあと角を丸くする。

2 1の真ん中に切り込みを入れ、だるまの顔部分を包丁でむく。下部に縦に切り込みを入れたら、包丁を斜めに使って皮をむく。

3 切ったりんごの皮を口とまゆにして、のりをパンチで抜いて目にする。

著者 sana

料理家、食育インストラクター。女の子2人のお弁当作りをきっかけに、作って楽しい、食べて楽しいお弁当やおやつ、おうちごはん作りに目覚める。パパっと手軽に作れて、ほんの少し遊び心をプラスしたごはん、子どもも大人もワクワクするごはんをInstagramやブログで発信中。器、おいしいもの、かわいいものが大好き。

Instagram @sa3na7an3as
Blog https://sa3na7an3as.blog.jp

監修 中村美穂

管理栄養士・料理家。保育園栄養士として乳幼児の食事作りや食育などを手掛け、2009年に独立。料理教室「おいしい楽しい食時間」を主宰するほか、メディア監修やレシピ提供、乳幼児食講師など幅広く活動。2児の母。著書に『1歳半〜5歳 子どもと食べたい作りおきおかず』（世界文化社）など。

HP https://syokujikan.com

ピックの使い方について

＊お弁当にピックを使用する際は、食べる前にひとりで抜けること、抜いたピックで遊んだり人に向けたりしないこと、誤って口に入れないことを確認してからご使用ください。また、園でのルールに沿っているかを確認してからご使用ください。

●本書に掲載している情報は、2023年12月時点のものです。

ラクしてかわいい！

sanaのかんたん子ども弁当

2024年1月30日　第1刷発行
2024年3月19日　第2刷発行

著者　sana
監修　中村美穂
発行人　土屋 徹
編集人　滝口勝弘
編集長　曽田夏野
編集担当　辻田紗央子
発行所　株式会社Gakken
　　　　〒141-8416　東京都品川区西五反田2-11-8
印刷所　大日本印刷株式会社

●この本に関する各種お問い合わせ先
本の内容については、下記サイトのお問い合わせフォームよりお願いします。
https://www.corp-gakken.co.jp/contact/
在庫については　☎03-6431-1250（販売部）
不良品（落丁、乱丁）については　☎0570-000577
学研業務センター　〒354-0045 埼玉県入間郡三芳町上富279-1
上記以外のお問い合わせは　☎0570-056-710（学研グループ総合案内）
© 2024 sana Printed in Japan

学研グループの書籍・雑誌についての新刊情報・詳細情報は、下記をご覧ください。
学研出版サイトhttps://hon.gakken.jp/

スタッフ
企画・編集・文　大西史恵
AD　三木俊一
デザイン　宮脇菜緒（文京図案室）
撮影　寺岡みゆき
スタイリング　伊藤みき
表紙・本文イラスト　sana
DTP　株式会社グレン
校正　有限会社ペーパーハウス、株式会社聚珍社
編集協力　佐々木萌、中野愛美